D1655769

Unsere ***Bauernhöfe***
und ***Landhotels***

Rolf Hüffer

Unsere *Bauernhöfe* und *Landhotels*

Erlebnis-Ausflüge im Südwesten

belser

Bibliografische Information der Deutschen Nationalbibliothek.
Die Deutsche Nationalbibliothek verzeichnet diese Publikation in der Deutschen Nationalbibliografie; detaillierte bibliografische Daten sind im Internet über http://www.dnb.dnb.de abrufbar.

Projektleitung: Dirk Zimmermann
Redaktion: Dirk Zimmermann
Texte Ausflugs-Tipps: Christine Breig
Bildrecherche: Linda Weidenbach
Gestaltung und Produktion:
Verlagsbüro Wais & Partner, Stuttgart, Rainer Maucher
Druck und Binden: Print Consult, München

www.belser.de

ISBN: 978-3-7630-2712-5

Inhalt

UNSERE BAUERNHÖFE

UNSERE LANDHOTELS

Westerwald
KOBLENZ
LAHN
Eifel
MOSEL
Mönchhof
Hotel Bellevue
Hofgut Petry
Schlossmühle Horbruch
Hunolsteiner Hof
MAINZ
TRIER
Bannmühle
Jordan's Untermühle
Hunsrück
Kloster Hornbach
Villa Keller
RHEINLAND-PFALZ
MANNHEIM
LUDWIGSHAFEN
KAISERSLAUTERN
Pfalz
MAIN
Wohlfahrtsmühle
BAD MERGENTHEIM
Hohenlohe
TAUBER
JAGST
KOCHER
Sonnenhof
RHEIN
Gasthaus Loewenthor
KARLSRUHE
Steinbachhof
ENZ
STUTTGART
BADEN-WÜRTTEMBERG
Sesterhof
Schwäbische Alb
NECKAR
TÜBINGEN
REUTLINGEN
ULM
Speidels Braumanufaktur
Lorettohof
Schwarzwald
FREIBURG IM BREISGAU
DONAU
Oberschwaben
Hotel Spielweg
RAVENSBURG
Hofwirtschaft Zum Löwen
Rösslerhof
Alte Post
KONSTANZ
Bauernhof
Landhotel

Unsere Bauernhöfe

Gasthof zum Löwen von Josef Ellgaß
Andechs
ANDECHSER BIERSPEZIALITÄTEN

Hofwirtschaft Löwen von Josef Ellgass

Argenbühl-Eglofs im Allgäu

Hier ist regional normal – und international gibt's nicht

Wenn der kräftige Paul, mit seinem Ring durch die Nase, auf einen zukommt, dann kann einem schon mulmig werden. Er ist ein Pinzgauer Bulle, nein, nein, kein grobschlächtiger Dorfpolizist, sondern ein stattlicher Allgäuer Stier. Und Josef Ellgass, im karierten Hemd, mit hochgekrempelten Ärmeln, ist ein nicht weniger imposanter Bauer. Wenn die beiden sich kumpelhaft anrempeln und Ellgass dem Bullen die Kruppe tätschelt, dann merkt man gleich: Der Bauer mag seine Tiere – nicht nur auf dem Teller.

Der Zusatz ist berechtigt, denn der *Bauer* Ellgass ist auch der *Gastwirt* und *Koch* Ellgass in der Allgäuer Hofwirtschaft „Zum Löwen". Mitten im Ort auf dem Dorfplatz von Eglofs steht das prächtige, bunt bemalte Haus mit seinen weit geöffneten Fensterläden. Dass der Bauer auch gleichzeitig Wirt ist, hat Tradition in der Gegend und auch, dass man hier ausschließlich regionale Küche serviert bekommt. „Das Haus hat so 'ne große Geschichte seit 1500, hier würd' einfach kein McDonald's reinpassen, kein Italiener, kein Chines', sondern einfach was Authentisches." Ein Wirt, der auf die Heimat setzt, denn früher war auf dem Dorf regional normal – und international gab es nicht. Genauso hält er es auch heute.

„Echte Weiderinder sind so lange wie möglich im Freien. Ein teurer Luxus, den Josef Ellgass seinen Tieren gerne gönnt“

In der Küche steht der Bauer Ellgass plötzlich ganz anders da: In der weißen Kochjacke mit den grünen Knöpfen hält er ein Stück Fleisch in den Händen, ein Roastbeef von seinen Pinzgauer Rindern, und beginnt derart verliebt davon zu schwärmen, dass man meinen könnte, er spricht von seiner Frau, die die fertig gebratenen Köstlichkeiten in der Gaststube serviert. Aber irgendwie passt es schon – Josef Ellgass liebt seine Tiere eben, die Landschaft, die sie hervorgebracht hat und die Weiden, auf denen sie ihre Kräuter gegrast haben. Er steht für Heimatverbundenheit im besten Sinne und das merken auch die vielen Gäste hier in Eglofs im Allgäu.

Ellgass' Tiere kommen im Sommer auf die Alm. „Echte Weiderinder sind so lange wie möglich im Freien“, sagt er. Sie haben das Allgäu zum Fressen gern und pflegen so auch noch die Landschaft, suchen sich selbst die besten Kräuter und sind ständig in Bewegung. So bleiben sie gesund und wachsen nur langsam. Dass das ein

Hofwirtschaft Löwen Eglofs
Josef und Astrid Ellgass
Dorfplatz 10
88260 Argenbühl-Eglofs
Tel.: (07566) 1578
E-Mail: info@hofwirtschaft-ellgass.de
www.hofwirtschaft-ellgass.de

Öffnungszeiten:
Samstag und Sonntag ab 11 Uhr
Montag, Donnerstag und Freitag ab 16 Uhr
Dienstag und Mittwoch ist Ruhetag

teurer Luxus ist, den Josef Ellgass seinen Tieren gerne gönnt, weiß er auch. Das köstliche Fleisch seiner Pinzgauer Rinder sieht deshalb anders aus. Die Farbe ist karminrot, entscheidend aber ist die feine Marmorierung: Zwischen den kräftigen Muskelfasern sind feine, weiße Fettschichten eingezogen. Das schmecken seine Gäste und genau das macht den Bauern und Koch froh: „Auf mein Haus bin ich stolz. Ach, es ist einfach ein schönes Umfeld, es sieht schön aus und es gibt mir einfach das Gefühl hier zu sein, hier wirken zu dürfen und hier was zu bewegen."
Ach so: Paul, der Bulle mit dem Nasenring, hat inzwischen einen tatkräftigen Nachfolger namens Volker als Zuchtbullen in der Herde gefunden. Trotzdem darf Paul bleiben – „er gehört einfach dazu", hat Josef Ellgass entschieden, der Bauer, der das liebe Vieh wirklich liebt, nicht nur auf dem Teller.

„Der Bauer mag seine Tiere – nicht nur auf dem Teller“

Ausflugs-Tipps

Wangen im Allgäu ist seit langer Zeit eine Stadt des Marktes, da es hier bereits um 1150 einen vom Abt von St. Gallen eingerichteten Markt gab. Das Recht, einen Markt abhalten zu dürfen, wurde 1286 bestätigt und Kaiser Ludwig verlegte den Markttag von Freitag auf den Mittwoch. Noch heute ist am Mittwoch in Wangen Markttag.
Im Jahr 815 wurde der Ort erstmals in einer Urkunde des Klosters Stankt Gallen als „Wangun" erwähnt. Der freie Alemanne Hadubert schenkte damals dem fränkischen Reichskloster ein Bauerngut und einen Wald. Im 10. Jahrhundert wurden die hiesigen Besitztümer des Klosters durch Schenkungen, Kauf und Tausch stark erweitert. Der Markt, der außerhalb des Niederdorfs entstanden war, zog freie Kaufleute und Handwerker an. Dort entstand dadurch die spätere Oberstadt, die bis zum 13. Jahrhundert durch Tore verschlossen wurde und mit Mauer oder Wall und Graben umgeben war. 1250 gab es im Zuge der Verpfändung der Schutzherrschaft über die Stadt an das Kloster St. Gallen heftige Kämpfe der Bürger um ihre Selbstständigkeit. König Rudolf von Habsburg besiegelte schließlich 1286 ihren Status als Freie Reichstadt. In Wangen kreuzten sich die Straßen von Ravensburg, Lindau, Leutkirch und Isny und der sich daraus entwickelnde Fernhandel über die Alpen – anfangs durch die „Große Ravensburger Handelsgesellschaft" später durch Welser und Fugger kontrolliert – förderte im Spätmittelalter die Entwicklung der Stadt. Um 1800 endete durch die napoleonische Umwälzung das Ende der Ära als Freie Reichsstadt. Trotz der Stadtbrände von 1539, 1793 und 1858, denen jeweils ganze Straßenzüge zum Opfer fielen, bildet die Altstadt ein geschlossenes Ensemble mit Gebäuden vom frühen Mittelalter, aus der Zeit der Gotik, Renaissance bis zum späten Barock. So besitzt die ehemalige Reichstadt eine sehenswerte Altstadt, die mit ihren Brunnen, Kirchen und Türmen unter Denkmalschutz steht. Zu den Sehenswürdigkeiten zählen der Marktplatz mit dem Rathaus (mit barocker Fassade und dem Pfaffenturm, aus dem 14. Jahrhundert), die katholische Stadtpfarrkirche St. Martin, die zu den ältes-

ten Baudenkmälern der Stadt gehört und bis in die Romanik zurückgeht, und das Hinterofenhaus (1542). Sehenswert sind auch das Ritterhaus (1789) und Weberzunfthaus (1347).

Die Herrenstraße mit ihren zahlreichen historischen Häusern hat zum Teil noch ihren spätgotischen Charakter erhalten. Die meisten Häuser entstanden allerdings erst nach dem Brand von 1539. Auffallend sind Gebäude mit gotischen Treppengiebeln, Wirtshausschilder aus dem 18. Jahrhundert und die bunten Fassadenmalereien an den Häusern. Ursprünglich hieß die Herrenstraße „Am Markt“. Erst im 18. Jahrhundert kam die heutige Bezeichnung auf, denn in dieser Straße wohnten hauptsächlich die „Herren“ der Stadt, die Bürgermeister und Räte und die anderen Angehörigen führender Familien. Den markanten Abschluss der Herrenstraße bildet das Frauentor oder Ravensburger Tor mit seiner reichen Bemalung (1472 erstmals erwähnt, das vermutlich ältere Tor erhielt seine heutige Form 1608. Der Bau zeigt ein einheitliches Renaissancegepräge mit charakteristischen Ecktürmchen).

Die Museen finden sich in der Stadtmauer am Rande der historischen Altstadt. So ist die Badstube in der Langen Gasse 9 eine massive Halle mit Kreuzgewölbe und veranschaulicht mit Kupferkessel, Waschzubern und Lichtnischen ein mittelalterliches Bad. Die begleitende Ausstellung informiert mit vielen Bildern über die Bedeutung der öffentlichen Badstube in der Stadt. Im Obergeschoss befindet sich die Städtische Galerie mit Wechselausstellungen.

Städtische Museen in der Eselsmühle
Eselberg 1
88239 Wangen (Allgäu)
Tel.: (07522) 74211
Fax: 07522) 74214
E-Mail: tourist@wangen.de

Öffnungszeiten:
1. April bis 31. Oktober:
Montag: geschlossen
Dienstag bis Sonntag: 14–17 Uhr
Samstag 11–17 Uhr
ebenso an Feiertagen
1. November bis 31. März:
Führungen auf Anfrage beim Gästeamt möglich: www.amv- wangen.org/museen

Die **Burg Ratzenried** wurde wahrscheinlich Anfang des 12. Jahrhunderts erbaut, da sie 1145 zum ersten Mal urkundlich erwähnt wird. Die Herren von Ratzenried waren Dienstmannen des Klosters St. Gallen. Sie sollten die Lehen des Klosters in der Region sichern und die Abgaben der Höfe einziehen. Um 1220 wurde die Burg grundlegend umgebaut. Nach Ende des 13. Jahrhunderts gab es einen ständigen Herrschaftswechsel, bis 1453 Jos Humpiß aus Ravensburg, Mitinhaber der großen Ravensburger Handelsgesellschaft, die Burg und Höfe als Lehen des Klosters St. Gallen erwarb. Er ließ die Burg im Jahr 1500 renovieren und erweitern. Allerdings wurde die Burg Ratzenried 1632 von schwedischen Truppen während des Dreißigjährigen Krieges zerstört und niedergebrannt. Die Burg wurde wegen der Kosten und dem Aussterben der Herrschaftslinie nicht wiederaufgebaut.
Bis zur 1803 erfolgten Säkularisierung des Klosters St. Gallen gehörte die Herrschaft Ratzenried und damit auch die Burgruine zum Lehen des Klosters. Da Ratzenried 1806 erst bayerisch und dann 1810 württembergisch wurde, musste der Freiherr von Ratzenried nun bei den entsprechenden Königen das Lehen beantragen. Nach dem Ende der Linie der Freiherren von Ratzenried 1813 wurden die Grafen von Beroldingen die Lehensträger. Durch Heirat gelangte die Burgruine 1904 an die Familie von Waldburg-Zeil, die 1985 einen Dienstbarkeitsvertrag mit dem Heimatverein Ratzenried, der Gemeinde Argenbühl und dem Landkreis Ravensburg, abschloss.
Die Burgruine steht auf einem vorspringenden Bergsporn. Wie die erste mittelalterliche Burg ausgesehen hat, ist nicht bekannt. Vermutlich sind noch Spuren des alten Bergfrieds vorhanden, so zum Beispiel könnten die Vorwerkmauern mit den Schießscharten und der Palas von Vorgängerbauten stammen. Ebenso verweist der noch sichtbare Grundriss mit einer Länge von ca. 220 Metern und einer Breite von ca. 75 Metern auf die ehemalige Größe der früheren Burg mit ihren drei Teilen und drei Brücken.

Wegverlauf

Von Ratzenried in Richtung Eglofs, kurz nach dem Ortsendeschild von Ratzenried zweigt der Weg zur Ruine in einer Kurve links ab. Vor dem Hof Platz, dem ehemaligen Bauhof der Burg, befindet sich rechts ein kleiner Parkplatz. Zu Fuß geht es nun durch den Hofraum, anschließend rechts runter, dort befinden sich das Burgtor und der Eingang. Die Anlage ist zur Tageszeit ständig zugänglich. Ein nächtlicher Aufenthalt ist nicht gestattet. Die Zufahrt zur Burgruine ist beschildert.

Burgruine Ratzenried
Tel.: (07522) 5282 und 3902
www.ratzenried.de

Der Rösslerhof der Güldenbergs

Schlier in Oberschwaben

Zurück in die Zukunft – 750 Jahre alt, mit dem Blick nach vorn

„Ich bin Kuhbauer aus Leidenschaft", sagt Gereon Güldenberg und lacht aus vollem Hals, „das gilt übrigens für den Ökobauern auch! Ich bin wirklich aus tiefster Überzeugung Ökobauer, anders geht das gar nicht." Und damit steht der junge Familienvater in einer Tradition, die den oberschwäbischen Rösslerhof seit gut 40 Jahren zu einem Vorreiter der Ökobewegung macht. Bauer Güldenberg ist aber kein Ökospinner; seit er vor 12 Jahren den Hof übernahm, hat er einen modernen landwirtschaftlichen Betrieb daraus gemacht. Das merkt man dem gebrochen weißen Ensemble nahe Weingarten allerdings nicht sofort an: Idyllisch, wie aus einem Guss schmiegt sich das 750 Jahre alte ehemalige Kloster Weingarten in die hügelige Seenlandschaft direkt am Rösslerweiher. Man möchte sofort hier einziehen, denn die Familie Güldenberg hat sich eine Heimat geschaffen, bei deren Anblick jeder Besucher unweigerlich Landlust bekommt.

Noch vor einer Generation war nichts davon zu sehen. Die beliebte

„Man möchte sofort hier einziehen, denn die Familie Güldenberg hat sich eine Heimat geschaffen, bei deren Anblick jeder Besucher unweigerlich Landlust bekommt"

Gartenwirtschaft existierte nicht mehr, die Benediktinermönche gaben den Hof im Jahr 1979 auf. Aus Ravensburg und Umgebung waren früher die Wochenendausflügler „Im Rössler" eingekehrt, alte Ansichtskarten zeugen davon und die Hofbücher ihrer Vorgänger hüten die Güldenbergs heute wie einen Schatz, den sie gehoben haben, um dem Rösslerhof wieder zu altem Glanz zu verhelfen. Später, 1981, wurde der Betrieb auf organisch-biologische Wirtschaftsweise umgestellt, er war der erste Bio-Betrieb im Landkreis Ravensburg und produzierte sogar den ersten Biohartkäse auf dem europäischen Markt!

Gereon und Bianka Güldenberg sind mit ihren drei Kindern Silas, Sophia und Mauritz in der Jetztzeit angekommen. Wichtigstes Standbein des uralten Bauernhofes ist und bleibt die Biolandwirtschaft. Hier läuft alles in einem harmonischen Kreis, denn die Güldenbergs düngen die Felder mit dem Mist ihrer 80 Milchkühe, die fressen, was auf den Feldern wächst, und die die Milch geben, aus der der Rösslerhof-Emmentaler Käse gemacht wird. Im nahen Kofeld macht der Käsermeister Martin Baufhofer im Kupferkessel daraus einen

goldgelben Biokäse mit sehr nussigem Geschmack.
Bei den Güldenbergs gibt es strenge Regeln, was die Qualität der Produkte und die Lebensqualität der Tiere angeht: Auf den Äckern gilt zum Beispiel eine fünfgliedrige Fruchtfolge, das heißt, fünf Jahre lang wird jährlich etwas anderes angebaut, erst dann darf sich die Fruchtfolge wiederholen. Auch das Saatgut und alle Düngemittel stammen aus biologischem Anbau, und die Braunkühe der Güldenbergs leben selbstverständlich auch vollkommen bio. Sie pendeln täglich zwischen Stall und Weide hin und her, bekommen Kleegras von den eigenen Wiesen und selbst das Zufutter stammt aus ökologischem Anbau. Wer's nicht glaubt, kann sich im Sommer ja mal auf den hofeigenen Wiesen umsehen und sich einen Strauß aus den über 50 verschiede-

nen Blumenarten binden, die dort wachsen.
Dass auf solchen Wiesen auch das Streuobst für den auf dem Hof gepressten Apfelsaft gut gedeiht, hatten wir uns da fast schon gedacht, aber auch hier gibt es eine selten gewordene Besonderheit: Auf dem Rösslerhof stehen ausschließlich alte, regionale, heute teilweise kaum mehr bekannte Sorten, mit herrlich klingenden Namen, wie „Brettacher“, „Bohnapfel“, „Schöner aus Nordhauser“, „Boskoop“, „Golpermene“ oder „Biesterfelder Renette.“
In der 4000 m² großen Gärtnerei auf dem Hof könnte man problemlos Biologie-Unterricht erteilen: Hier werden, in 600 Metern Höhe und auf bestem Boden, über das Jahr verteilt 40 verschiedene Gemüsesorten angebaut, von Auberginen bis hin zu Wassermelonen.
Im Hofladen kann man sich von der Bioqualität aus Oberschwaben überzeugen: Obst und Gemüse, Rindfleisch und eben Käse. Die Güldenbergs erwirtschaften auf dem Rösslerhof, was sie mit ihrem Gewissen vereinbaren können, und das bieten sie an, weil sie auch ihren Kindern eine intakte Umwelt hinterlassen wollen.

Info

Gereon und Bianka Güldenberg
Rösslerhof
88281 Schlier
Tel.: (0751) 45619
E-Mail: mail@roesslerhof.de
www.roesslerhof.de

Öffnungszeiten:
Dienstag, Freitag 15–19 Uhr
Donnerstag 9–13 Uhr

Ausflugs-Tipps

Ravensburg

Markante Gebäude, Plätze und Straßen prägen das Bild der historischen Altstadt. Schon von Weitem sind die vielen Türme der Handelsstadt zu sehen, die Ravensburg als Stadt der Türme und Tore bekannt gemacht haben. Die meisten wurden im 14. und 15. Jahrhundert errichtet. Die Entstehung von Ravensburg hing mit ihrer verkehrsgünstigen Lage an einer Schussenfurt und am Schnittpunkt von zwei wichtigen Fernstraßen (Donau–Bodensee und Allgäu–Bodensee) zusammen. Schon unter den Welfen, aber hauptsächlich im Hochmittelalter unter staufischer Herrschaft entwickelte sich Ravensburg zu einer Handelsstadt von überregionaler Bedeutung. 1276 erhielt sie den Rang einer reichsunmittelbaren Stadt, das bedeutete, sie bekam das Recht auf eine eigene Gerichtsbarkeit und Verwaltung und hatte Münz-, Markt- und Zollrechte. Dadurch wurden die folgenden 250 Jahre zu einer Blütezeit der Stadt und sie stieg als Reichsstadt und Sitz der Ravensburger Handelsgesellschaft im späten Mittelalter zum Zentrum in der Bodenseeregion auf. Während der Reformation entschied sich Ravensburg für ein Nebeneinander der Konfessionen und war damit eine der vier Städte im Reich, in denen Katholiken und Protestanten gleichberechtigt zusammenleben konnten. Vier Museen vermitteln einen Einblick in Kunst, Geschichte und Wirtschaft in Ravensburg. Im **Kunstmuseum** werden die Sammlung Peter und Gudrun Selinka mit Exponaten von etwa 200 Arbeiten aus dem Bereich des deutschen Expressionismus sowie den Gruppen COBRA und SPUR und unterschiedliche Wechselausstellungen gezeigt. Im **Museum Humpis-Quartier** (MHQ) inmitten der Ravensburger Altstadt, das die Besucher auf eine Zeitreise durch sieben Gebäude und etwa 60 Räume schickt, sind 1000 Jahre Kulturgeschichte zu sehen. Es ist eines der besterhaltenen spätmittelalterlichen Wohnquartiere in Süddeutschland, dem die Fernhandelsfamilie Humpis im

15. Jahrhundert das heutige Aussehen gegeben hat. Im **Museum Ravensburger**, dem historischen Stammsitz des Spiele- und Buchverlags in einem der ältesten Patrizierhäuser der Stadt Ravensburg, kann man auf eine interaktive Entdeckungsreise durch die Geschichte und Gegenwart des Unternehmens mit dem blauen Dreieck gehen. Wie entsteht ein Spiel? Warum passt ein Puzzleteil ins andere? Diese und andere Fragen werden dort auf drei Stockwerken beantwortet. Das **Wirtschaftsmuseum Ravensburg** im Gebäude der ältesten Oberamtskasse Württembergs – einem Vorläufer der Sparkasse – erzählt „Wirtschaftsgeschichte(n) des 19. und 20. Jahrhunderts“ aus der Region. Es gibt einen begehbaren Tresor aus der Zeit um 1900 und dort erscheinen per Knopfdruck hinter Spionglas einzelne Exponate rund um das Thema „Geld in Bewegung.

Kunstmuseum Ravensburg
Burgstraße 9 • 88212 Ravensburg

Öffnungszeiten
Dienstag bis Sonntag 11–18 Uhr
Donnerstag 11–20 Uhr

Museum Humpis-Quartier
Marktstraße 45 • 88212 Ravensburg

Öffnungszeiten
Dienstag bis Sonntag 11–18 Uhr
Donnerstag 11–20 Uhr

Museum Ravensburger
Marktstraße 26 • 88212 Ravensburg

Öffnungszeiten
Januar bis März / Oktober bis Dezember: 11–18 Uhr
April bis September: 10–18 Uhr
Ruhetage immer montags, 25.12. und 31.12.
In den Ferien (Baden-Württemberg) montags geöffnet

Wirtschaftsmuseum
Marktstraße 22 • 88212 Ravensburg

Öffnungszeiten
Dienstag bis Sonntag 11–18 Uhr
Donnerstag 11–20 Uhr

Das **Burgermoos** befindet sich am westlichen Ortsrand von **Kißlegg**. Das Hochmoor übernimmt wichtige Funktionen im Ökosystem und dient als Wasser- und Kohlendioxidspeicher, aber auch als Rückzugsgebiet seltener Pflanzen und Tiere.
Entlang von Wiesen- bzw. Waldwegen und Bohlenpfaden informieren zehn Stationen über die Lebensräume Bach, Wald und Moor. Ebenso wird die Entstehung des Moores und die Geschichte des Torfabbaus erklärt. Noch in den fünfziger Jahren des vorigen Jahrhunderts wurde im Burgermoos Torf gestochen. So finden sich auch heute noch Spuren der Torfstecher, zum Beispiel steht dunkelbraunes Moorwasser in den Torfgruben und die Trassen, auf denen früher die Schienen der Torfbahn gelegen sind, haben sich meistens noch erhalten. Auf ihnen wurden 2008 Holzbohlen für einen viereinhalb Kilometer langen Rundweg verlegt. Durch die bald nach dem Ende des Torfbaus eingeleiteten Schutzmaßnahmen sind das Burgermoos und die Torfgruben weitgehend erhalten geblieben. Am südlichen Rand des Moors sind noch Reste der Torffabrik, die aus dem wasserdurchtränkten Rohmaterial trockenen Brennstoff machte, zu finden. Der Rundwanderweg durch das Hochmoor bei Kißlegg geht über schmale Waldpfade (daher gutes Schuhwerk anziehen), er ist beschildert und mit 10 Thementafeln ausgestattet.

Zwischen dem Luftkurort Kißlegg, den Dörfern Immenried und Eintürnen befindet sich die **Kißlegger Seenplatte**. Das Gebiet um die sieben Seen und Weiher zwischen Immenried und Eintürnen des nach der letzten Eiszeit, der Würmeiszeit, entstandenen Rieds ist ein Rückzugsort für Rehe und Schmetterlinge. Doch ist es auch für Wander-, Radel- und Naturfreunde interessant.

Die Seen wie zum Beispiel der Obersee, ein Badesee nördlich von Kißlegg, entstanden auf natürliche Weise. Im Gegensatz zu den Weihern, wie der Brunner Weiher, der Hasenweiher, der Holzmühleweiher oder auch der mit hohem Schilf bewachsene Stockweiher, die von Menschen als ablassbare Stehgewässer, d.h. durch Auf- und Überstauen von (Moor)-seen im späten Mittelalter angelegt wurden.

Info

www.kisslegg.de

Start und Parken:

entweder am St. Anna Kinderspielplatz (mit Grillhütte)

oder am kleinen Waldparkplatz von Kißlegg Richtung Oberriedgarten (Bürgermoos-Stüble)

Wanderung ist auch gut geeignet für Kinder (nicht für Kinderwägen).

Der Weg führt teils über schmale Holzstege im Hochmoor (je nach Wetterlage etwas rutschig)

Kreuzotter Otti fordert die Kinder zum spielerischen Entdecken der Natur auf.

Länge: Rund 2,5 km

Begleitbroschüre:

Themenwege im württembergischen Allgäu: Auf federnden Pfaden – Gang durch das Kißlegger Burgermoos

Die Faltblätter „Themenwege im württembergischen Allgäu“ sind bei allen Gästeämtern und Tourist-Informationen in der Ferienregion Allgäu kostenlos erhältlich.

BäcKerei

Der Lorettohof am Rand der Schwäbischen Alb

Zwiefalten

Ein magischer Ort für Ziegenflüsterer und „Brototypen"

Loretto – der Name des Hofes klingt seltsam fremd auf der Schwäbischen Alb. Er hat, wie die gleichnamige frühbarocke Wallfahrtskapelle, die Abt Christopheros von Zwiefalten 1671 hier bauen ließ, einen religiösen Grund: Als die Sarazenen das Heilige Land und auch die Stadt Nazareth zu erobern begannen, wurde im Himmel angeblich fieberhaft überlegt, wie man das Haus von Maria und Josef retten könnte. Schließlich zogen vier Engel los, banden an jede Ecke des Hauses ein Seil, trugen es in vier Etappen bis nach Italien, nahe der Stadt Ancona und ließen es in einen Lorbeerhain (lat. Lauretum) nieder. Übrigens genau am 7. September 1295. Später entstand dort eine Wallfahrtsstätte, die Laureto genannt wurde. Ja und? – wird mancher fragen. Na ja, angeblich sollen sich die Engel nochmal zu einer fünften Etappe aufgemacht haben, um das heilige Haus schließlich am Südrand der Schwäbischen Alb auf einer Anhöhe über Zwiefalten abzusetzen. Viele Menschen, die einmal hier waren, schwärmen von der Magie des einsamen, stillen Ortes. Und immer wieder hat man davon profitieren wollen; Loretto war im Laufe der Zeit schon Lungenheilstätte und Irrenanstalt, bis um 1850 hier, rund um die alte Kapelle, ein Bauernhof entstand. Und den kaufte 1994 die Beamtentochter Annette Bürkle. Sie war Schäfermeisterin, hatte Agrarbiologie studiert, später auf kleinen, südfranzösischen Höfen die Käseherstellung aus Rohmilch gelernt – und die Ziegen für sich entdeckt. Sie wollte mit

einfachsten Mitteln etwas Gutes zuwege bringen. Und dafür schien Loretto der richtige Ort zu sein. Inzwischen leben drei Familien auf dem Hof und alle ziehen an einem Strang, weil sie nicht in den konventionellen Bahnen von Landwirtschaft und Lebensmittelherstellung steckenbleiben wollten. Die Standbeine dieser Idealisten, die manchmal anscheinend das Idyll als Bezahlung für ihre tägliche harte Arbeit nehmen, sind Brot und Ziege. Annette Bürkle ist dabei für die Ziegen und den Käse zuständig, den die FAZ schwärmerisch zu den feinsten Ziegenkäsen Deutschlands und Europas zählt. Viel Lob und Ehre für harte Arbeit, denn um vier Uhr morgens beginnt man auf Loretto mit der Weiterverarbeitung der Milch vom Vorabend. „Es ist kein reines Lottoglück“, gesteht die Ziegenflüsterin ein, aber sie wirkt zufrieden und glücklich damit.

Das Brot macht Bäckermeister Günther Weber, der mit seiner Familie als Letzter zur Hofgemeinschaft stieß. Er baute als Erstes den Holzbackofen ein, in dem er seitdem Brote backt, die „wie ein Gedicht schmecken" (Essen & Trinken), auch ohne Belag – und selbst nach einer Woche noch! „Nur ein Holzofen liefert diese vollkommen gleichmäßige Strahlungswärme, die keinerlei Austrocknung bewirkt", weiß der Bäckermeister. Ein halbes Jahr hat Weber dafür mit dem Ofen geübt, ohne Verkaufsdruck: „Wenn alles gut wurde, ging es auf den Markt, wenn nicht, hatten die Ziegen einen Brottag", erinnert sich Weber. Muss man eigens erwähnen, dass dieser „Brototyp" nur biologische Zutaten verwendet, dass der Hof nach Bioland-Richtlinien arbeitet, die Ziegen nur Gras, Heu, Getreide und Luzerne fressen und jahraus, jahrein tagsüber draußen leben? Eigentlich nicht – Loretto war und ist ein besonderer Ort, einer, an dem alles anders, langsamer und sorgfältiger läuft. Und einer, der seit gut 20 Jahren von Menschen bewohnt und mit Leben erfüllt wird, die dieses Glück sehr wohl zu schätzen wissen.

Info

Loretto
Ziegenhof & Holzofenbäckerei
88529 Zwiefalten
Tel.: (07373) 9216358 für Käse, Milch und Fleisch
Tel.: (07373) 2362 für Backwaren und Bewirtung
info@lorettozwiefalten.de
www.lorettozwiefalten.de

Öffnungszeiten:
Hofladen und Gartenwirtschaft:
jeden Freitag, Samstag, Sonntag
und an allen Feiertagen 14–18 Uhr
Von Weihnachten bis Ende März
ist auf Loretto Winterpause.

Ausflugs-Tipps

Die **Wimsener Höhle** auf der Schwäbischen Alb ist die einzige mit einem Boot befahrbare Wasserhöhle in Deutschland. Rund 70 m der insgesamt 723 m sind mit einem Boot für max. 12 Personen zu befahren, denn danach taucht die Höhlendecke unter die Wasseroberfläche ab und der Rest der Höhle ist nur mit Taucherausrüstung befahrbar.
Bekannt ist die Höhle schon seit der späten Bronzezeit, denn 1995 wurden in der Höhle Tonscherben und Menschenknochen gefunden, die zumindest teilweise aus der späten Bronzezeit stammen. Damals war der Wasserstand tiefer und die Höhle trocken begehbar. Dies belegen auch die Tropfsteine, die nur im Trockenen entstehen, aber in über zwei Meter Wassertiefe gefunden wurden. Erst im 12. Jahrhundert wurde der Bach für eine Mühle aufgestaut.
Die Höhle wird 1447 zum ersten Mal urkundlich erwähnt, 1910 teilweise vermessen, doch erst ab 1959, als es gelungen war, einen Siphon zu durchtauchen, konnten weitere Erkundungen und Messungen vorgenommen werden. Im Jahr 2006 wurde dann erfolgreich „durchtaucht" und ein weiterer trockener Höhlenteil entdeckt. Allerdings ist dies schwierig und aufwändig, sodass es wohl in absehbarer Zeit zu keinen weiteren Forschungstätigkeiten kommen wird. Das Wasser, das aus der Höhle strömt, ist ein Quellarm der Zwiefalter Aach. Oberhalb der Höhle linkerhand des Parkplatzes befinden sich die kleinen Wimsener Wasserfälle.

Der bekannteste Besucher war Herzog Friedrich II., späterer König König Friedrich I. von Württemberg; er besichtigte 1803 die Höhle und seither wird sie ihm zu Ehren Friedrichshöhle genannt. Seit 1802 war Christian Philipp Normann Staatsminister des Herzogs Friedrich II. und verhandelte 1805 mit dem damaligen französischen Außenminister Talleyrand über die Königswürde von Friedrich II. Nach dessen Erhebung zum König von Württemberg 1806 wurde Normann in den Grafenstand erhoben und erhielt als Dank für die guten Verhandlungen die Höhle und das gesamte Anwesen Wimsen sowie Schloss Ehrenfels. Heute sind Wimsen und das Schloss im Besitz von Roland Freiherr von Saint-André, dem Nachfahren des Grafen Normann.

Öffnungszeiten

Die Höhle ist vom 1. April bis 31. Oktober täglich von 10 bis 18 Uhr geöffnet.

www.naturerlebnis-hayingen.de/cms/ausflugsziele/hoehle

www.showcaves.com/german/de/showcaves/Wimsener.html

de.wikipedia.org/wiki/Wimsener_Höhle

Das **Kloster Zwiefalten** wurde von den Grafen Kuno und Liutold von Achalm in der Zeit des Investiturstreits zunächst in Altenburg bei Tübingen gegründet, jedoch 1089 nach Zwiefalten verlegt und auf Rat des Hirsauer Abtes Wilhelm mit Mönchen aus Hirsau besiedelt. Das Kloster wurde reich ausgestattet, dem päpstlichen Schutz unterstellt und konnte, mittlerweile 70 Mönche und 130 Laienbrüder zählend, schon unter dem zweiten Abt Ulrich von Hirschbühl (1095–1139) zu wirtschaftlicher Blüte kommen. Der gleichzeitig gegründete Nonnenkonvent wurde im 14. Jahrhundert nach Mariaberg übergesiedelt. Das Kloster war bekannt für seine strenge Befolgung der Ordensregeln, seine gute Verwaltung, seine künstlerische und wissenschaftliche Arbeit. So wurden viele Mönche des Klosters im 12. Jahrhundert in anderen Klöstern zu Äbten ernannt. Durch Erbe kam der Konvent über die Grafen von Urach an Württemberg, das seinen Einfluss ausbauen wollte; gleichwohl scheiterte dies, wie auch der Versuch der Einführung der Reformation im 16. Jahrhundert an der Beharrlichkeit der Äbte des Klosters. Ein Vertrag regelte 1569 die beiderseitigen Rechte und Pflichten der Vogtei. 1749 konnte das Kloster die württembergische Vogtei ablösen und errang die Reichsunmittelbarkeit. Allerdings kam durch die Säkularisation das Kloster mit seinem gesamten Besitz 1802 an Württemberg, die Gebäude wurden ab 1812 als „königliche Landesirrenanstalt“ genutzt, später als psychiatrisches Landes-

krankenhaus. Das heutige „Zentrum für Psychiatrie – Münsterklinik Zwiefalten" wird seit 2003 durch das Württembergische Psychiatriemuseum ergänzt. 1739 wurde die romanische Klosterkirche abgerissen und es entstand ein barocker Neubau nach Plänen des bayerischen Baumeisters Johann Michael Fischer. Das Münster, eine Wandpfeilerkirche mit Querhaus und langem Mönchschor, gilt als Meisterwerk des deutschen Spätbarock. Im Inneren befinden sich Deckenfresken von Franz Josef Spiegler aus Wangen, Stuckarbeiten von Johann Michael Feichtmayr, Wandtafeln und als eine der Hauptsehenswürdigkeiten das Chorgestühl von Joseph Christian aus Riedlingen.

Öffnungszeiten des Münsters:

Sommerhalbjahr:
Von Beginn der Sommerzeit bis nach den Herbstferien 09:30–18 Uhr

Winterhalbjahr:
Sonn- und Feiertag: 09:30–16 Uhr
Montag bis Samstag 10–16 Uhr ist nur die Vorhalle zugänglich

Besichtigungen des Chorraums (ganzjährig) nur im Rahmen von Münsterführungen. Während der Gottesdienste sind keine Besichtigungen möglich.

www.zwiefalten.de

Der Sesterhof der Harters

Gengenbach im Mittleren Schwarzwald

Frauenpower im Bauerngarten

Es gibt zwei Gründe, warum der Sesterhof bei Gengenbach im Mittleren Schwarzwald so bekannt und beliebt ist: der erste sind die Frauen und der zweite ist, was sie draus gemacht haben.
Agnes Sester war immer schon eine zupackende Frau, sie hatte als Erste im Dorf den Führerschein – mit zweieinhalb Fahrstunden! „Ich bin halt vorher Traktor gefahren und da hat man ja alles schon gekonnt", winkt die Seniorbäuerin lachend ab. 1950 hatte sie auch den Motorradführerschein und fuhr auf ihrer 250er Triumph im Schwarzwald herum. Vier Jahre später heiratete sie auf dem Sesterhof ein – eine echte Bäuerin, die alles kann. Ihr Mann Matthias und sie bekommen vier Töchter, 1972 stirbt Matthias unerwartet – Agnes Sester muss es alleine schaffen, allein mit ihren Töchtern und Freunden. Und sie hat es geschafft!
Seit über 40 Jahren empfangen die Frauen auf dem Sesterhof nun schon Feriengäste. Das Kinzigtäler Haus von 1871 mit seinem tiefgezogenen Walm und dem charakteristischen Wetterdächle an der Giebelseite ist Schwarzwald pur – die Bauweise dem Wetter geschuldet. Im Winter schützt das Dach vor Schnee und Regen, im Sommer bietet es viel Schatten und Schutz vor der Sonne. Es scheint aus der Zeit gefallen, beinahe ein Bullerbü im Alleingang, auf jeden Fall aber das „Mädelhaus", wie es in der Gegend heißt, denn Agnes Sesters älteste Tochter Maria hat mit ihrem Mann und ihren drei Töchtern die Landwirtschaft übernommen. Sie

haben Kühe und Pferde und den Bauerngarten – Agnes Sesters Lebenswerk sozusagen.
Das traumhaft gelegene Hof-Ensemble oberhalb von Gengenbach wirkt romantisch, überall ranken Rosen am Haus empor, man merkt die weibliche Hand. Und dann erst der Bauerngarten. Ein solches Kunststück aus Farben und Düften kann nicht wie ein Denkmal behandelt und so erhalten werden, es entsteht jedes Jahr aufs Neue und ist über die Jahrzehnte zu einer perfekten Mischung aus Nutz- und Ziergarten herangewachsen. Hier stehen Blumen neben Gemüse und Obststräucher neben Kräutern, alles schön und chaotisch durcheinander – scheinbar, denn solch ein Garten birgt natürlich viel Wissen und Erfahrung. Die verschiedenen Pflanzen sind zum Beispiel so gesetzt, dass sie sich gegenseitig vor Schädlingen schützen, und wenn die Seniorbäuerin in der Saison mal nicht

weiß, was sie kochen soll, dann geht sie eben in den Garten und „schaut, was als Erstes weg muss“ – so ist sie eben: freundlich, aber unsentimental. Einen Sinn fürs Schöne hat sie aber auf jeden Fall: In den ehemaligen Nutzgarten zogen im Laufe der Jahre immer mehr Rosen und Sommerblumen ein, Exoten, wie die Artischocke, kamen dazu und auch eine hübsche Laube. Der Garten ihres Lebens ist längst preisgekrönt und taucht in verschiedenen Büchern auf. Übrigens auch Agnes Sester und ihre Töchter kommen darin zu Wort – und gerade ist wieder ein neues über ihr Leben und ihren Garten erschienen.
Der Sesterhof mit seinem verwunschenen Garten, und wie es die Frauen dort allein geschafft haben, hat die Menschen offenbar schon immer interessiert und ihre Fantasie angeregt.

Info

Maria und Ernst Harter
Vogelsang 6
77723 Gengenbach
Tel.: (07803) 3446
E-Mail: maria.harter@sesterhof.de
www.sesterhof.de

Ausflugs-Tipps

Das **Schwarzwälder Freilichtmuseum Vogtsbauernhof** ist das älteste Freilichtmuseum in Baden-Württemberg. Rund um den 1612 erbauten Vogtsbauernhof entstand 1963 das von Hermann Schilli gegründete Freilichtmuseum. Im Lauf der Jahre kamen fünf weitere aus dem 16.–18. Jahrhundert stammende Bauernhöfe hinzu, die an ihrem ursprünglichen Standort im mittleren und südlichen Schwarzwald abgebaut und im Museum Vogtsbauernhof wieder aufgebaut wurden. Dargestellt wird das Leben, Wohnen und Arbeiten der Menschen im Schwarzwald in den letzten Jahrhunderten. Im Innern sind typisch eingerichtete Bauernstuben und Schlafkammern sowie rußgeschwärzte Küchen der kaminlosen Häuser, Ställe, bäuerliche Geräte und viele Werkzeuge aus damaliger Zeit zu besichtigen. Ein Tagelöhnerhaus von 1819, ein Leibgedinghaus, Speicher, Back- und Brennhäusle, eine Kapelle, eine Schmiede, fünf Mühlen und Sägen vervollständigen auf dem ca. 5,5 Hektar großen Gelände die Präsentation. Handgefertigte Arbeitsgeräte, Leiterwagen und Heuschlitten bezeugen den mühseligen bäuerlichen Alltag. Werkzeuge wie Breitaxt, Deuchelbohrer, Schnidesel, Ziehmesser, Leisten und Ahle erinnern an die Handwerkstradition der Schwarzwälder Zimmerleute, Wagner, Schnefler, Schuhmacher und Korbmacher.

Im Lorenzenhof, entstanden 1608 aus Oberwolfach, ist eine Ausstellung mit Informationen über Waldarbeit, den Transport der Baumstämme ins Tal und die Flößerei zu sehen. Den Gesamtüberblick runden farbenprächtige, von Buchsbaum umrahmte Bauerngärten, Schaufelder mit historischen Nutzpflanzen, ein Kräutergarten mit über 130 Heilpflanzen und Bauernhoftiere alter Rassen ab.

Namen der fünf weiteren Bauernhöfe:

Name	*Originalstandort*	*Baujahr*
Hippenseppenhof	Furtwangen	1599
Lorenzenhof	Oberwolfach	1608
Schauinslandhaus	Schauinsland	1730
Falkenhof	Dreisamtal	1737
Hotzenwaldhaus	Hotzenwald	1756

Öffnungszeiten

Saison 2015 (29. März bis 8. November):
täglich 9–18 Uhr (letzter Einlass 17 Uhr)
im August täglich 9–19 Uhr (letzter Einlass 18 Uhr)

www.vogtsbauernhof.de

Gengenbach bietet mit Teilen der Stadtmauer, Türmen und Toren (Kinzigtor, Obertor) ein geschlossenes mittelalterliches Stadtbild. Stadtpfarrkirche ist die ehemalige Benediktinerklosterkirche St. Maria und obwohl der Zeitgeschmack der Gotik und des Barock die Kirche veränderten, blieb die romanische Bausubstanz unversehrt, das heißt, im Innern die Bemalung aus der Romanik und der barocke Turm von 1716. Seit 1955 steht die Innenstadt unter Denkmalschutz. Schon in den Jahrhunderten vor Christi Geburt war die Gegend von den Kelten besiedelt, worauf viele Namen, zum Beispiel „Kinzig", verweisen. Die danach sich ansiedelnden Germanen wurden um die Jahrtausendwende von den Römern wieder aus dem Land gedrängt. Die Römerzeit, 73 bis 260 n. Chr., ist durch viele Funde, darunter eine reich verzierte Votivsäule, Münzen und ein 1974 freigelegter Ziegelofen, belegt. Auch führte die Römerstraße von Straßburg nach Rottweil durch Gengenbach. Den Römern folgten für etwa 200 Jahre die Alemannen, die sich 486 König Chlodwig unterwarfen und darauf zum fränkischen Königshof gehörten. Die Christianisierung wurde unter dem fränkischen Herzog Ruthard veranlasst, die von Bischof Pirmin umgesetzt wurde. Dieser gründete 725 die Benediktinerabtei Gengenbach, deren Kirche 1120 als dreischiffige Basilika ausgebaut wurde. Das Kloster war Eigenkloster des Königs, der dazu umfangreiche Ländereien stiftete. Die Entwicklung führte 1230 zur Verleihung der Stadtrechte und 1278 erhielt das Kloster die Reichsunmittelbarkeit. Die Reformation und später die Gegenreformation im 16. Jahrhundert verursachten große Unruhen. Ebenso traf der Dreißigjährige Krieg (1618–1648) die Stadt und das Kloster. Kaum waren die Schrecken des

Krieges überwunden, als 1689 auf Befehl Ludwigs XIV. französische Truppen im Pfälzischen Erbfolgekrieg die Stadt angriffen und zerstörten. Doch war der Wiederaufbau die Geburtsstunde des heutigen Stadtbildes. Die Freie Reichsstadt mit dem ältesten Marktrecht im mittelbadischen Raum und ihren regen Handwerkerzünften erlebte dadurch eine große Blütezeit. Als Ausdruck dieser Zeit steht am Marktplatz der Stadt das klassizistische Rathaus aus dem Jahr 1784. Mit der Säkularisation 1803 – der Auflösung des Klosters und der Eingliederung in das Großherzogtum Baden – endete diese Blüte.

Das **Palais Löwenberg** ist ein Patrizierhaus aus dem 18. Jahrhundert. Heute befindet sich darin das städtische Museum mit mehrmals im Jahr stattfindenden Sonderausstellungen. Dort sind verschiedene Kuriositäten wie eine Überkopf-Kugelbahn, der Knödelfresser und andere Dinge zum Schauen und Staunen zu entdecken.

Im **Narrenmuseum im Niggelturm** sind auf sieben Geschossen die Gengenbacher Fasnacht und ihre Geschichte dargestellt. Zahlreiche Fasnachtfiguren sind in Lebensgröße zu sehen, außerdem gibt es Informationen über Narrenkleidung, zu närrischen Utensilien und zur Entstehung der wertvollen Holzmasken. Neben den einheimischen Fasnachtsfiguren werden auch Kostüme und Masken aus dem gesamten schwäbisch-alemannischen Raum präsentiert

Der Niggelturm war nicht in die Stadtmauer einbezogen. Er wurde als freistehender Wach- und Gefängnisturm gebaut. Der Unterbau aus dem 14. Jahrhundert wurde Ende des 16. Jahrhunderts mit einem achteckigen Aufsatz und dem markanten Umgang versehen.

Museum Haus Löwenberg
Hauptstraße 13 (Am Marktplatz)
77723 Gengenbach
Tel.: (07803) 930141 oder 930143
www.museum-haus-loewenberg.de

Narrenmuseum im Niggelturm
Hauptstraße 39
77723 Gengenbach
Tel.: (07803) 930143
www.narrenzunft-gengenbach.de

Stadtrundgänge
Juli bis September: jeden 2. Mittwoch Gästebegrüßung mit Stadtführung; um Voranmeldung wird gebeten; Mindestteilnehmerzahl 8 Personen

Es sind die Führung „Gengenbach bei Nacht – kostenlose Nachtwächterrundgänge“, Führungen durch die Stadt sowie Themenführungen buchbar.

www.stadt-gengenbach.de

Der Steinbachhof der Familie Eißler

in Vaihingen/Enz-Gündelbach

„Ein wüster und unwegsamer Ort“ – für Mönche und Könige, aber nicht für Winzer

Die erste schriftliche Äußerung zu diesem Bauernhof ist auf Latein verfasst, Beweis dafür, dass der Steinbachhof wirklich uralt ist: „*Tanquam de loco deserto et invivo, horroris et vastae solitudinis*“ schrieben die Mönche des nahe gelegenen Klosters Maulbronn im Jahr 1178. Und selbst wer kein Latein versteht, beim Wort „horroris“ ahnt wohl jeder gleich Schlimmes – „ein wüster und unwegsamer Ort“ soll hier als moderate Übersetzung mal genügen. Also 836 Jahre ist der Hof inzwischen alt, da kann man getrost von traditioneller Landwirtschaft sprechen – und liegt doch ganz falsch, zumindest heute.

Als Ulrich Eißler 1998 den Hof von seinen Eltern übernahm, wurden erst mal alle Ackerflächen verpachtet. Er hatte ursprünglich Weinbautechniker gelernt und dann Agraringenieur studiert. Jetzt aber wollte er nur noch Wein machen. Seine Frau Nanna kam aus Berlin und hatte in Heidelberg Jüdische Kultur und Politik studiert, nicht sehr bäuerlich. Als sie Ulrich Eißler kennenlernte, vergaß sie das alles und wurde Winzerin. Heute ist der Steinbachhof ein Weingut, hat eine Traube im renommierten „Gault Millau“ und Eißlers Weine sind längst vielfach ausgezeichnet worden. Das

liegt auch daran, dass das ehemals „wüste und unwegsame" Land eben auch seine Qualitäten hat. Vor allem für den Weinanbau, denn zum Hof gehören ganz verschiedene Lagen und Böden, vom roten bis zum bunten Mergel und vom Muschelkalk bis zu rotem Kies mit Sandsteineinschüben ist eben vieles vorhanden, was den Weinen der Eißlers Geschmack, Aroma und Charakter gibt. So wie es sich gehört für einen ehemaligen Besitz des württembergischen Königshauses!

Ehemalig, denn die Eltern von Ulrich Eißler haben den Steinbachhof 1974 gekauft, tatsächlich lebten ihre Vorfahren schon länger hier, weil Mutter Eißler eine geborene Hehr war und deren Familie hatte den Hof schon seit 1848 gepachtet. Viel Tradition also, die es zu übernehmen oder über den Haufen zu werfen galt. Nanna und Ulrich Eißler haben sich für Letzteres entschieden. Sie gingen und gehen neue Wege, machten aus dem ehemaligen Zehnthof des Königshauses, wie gesagt, ein Weingut und verpassten dem spätbarocken Wohnhaus des

Steinbachhofs und den umliegenden Gebäuden ein ganz neues Gesicht. Heute reißen sich Hochzeitspaare und internationale Konzerne darum, dieses Event-Ensemble, wie das neudeutsch heißt, für ihre Feiern und Seminare zu mieten.
Wer will es ihnen verdenken? Der ockergelbe Putz, das rotbraune Dach, die dunkelgrünen Holzläden und viel Fachwerk – all das schmiegt sich derart idyllisch und romantisch ins grüne Tal, dass es schon fast kitschig wäre, in Wirklichkeit ist es ehrlich und echt. Die Eißlers leben dieses

„All das schmiegt sich derart idyllisch und romantisch ins grüne Tal, dass es schon fast kitschig wäre, in Wirklichkeit ist es ehrlich und echt“

Heimatgefühl einfach: „Als Kind war ich eine Zeit lang im Internat und wenn ich dann hier weg bin, war es oftmals so, dass ich 'ne Stunde oder zwei geweint hab' vor lauter Kummer, dass ich diesen Ort verlassen musste. Und mir geht's auch heute noch so, wenn ich in Urlaub fahre, dass ich einen Kloß im Hals hab', weil ich weggehen muss.“ Man glaubt es Ulrich Eißler einfach, wenn er solche Bekenntnisse macht – der Steinbachhof ist zu schön zum Lügen. Und wenn einer fragt, was denn nun das Besondere an diesem Bauernhof ist, dann lässt es sich vielleicht am besten so sagen: Nanna und Ulrich Eißler haben hier an diesem Ort sich und ihren Hof völlig neu erfunden und trotzdem schaffen sie es, dass man das Gefühl hat, das alles wäre schon immer so gewesen – und genau das stimmt ja auch, seit 836 Jahren.

Weingut Steinbachhof KG
Ulrich und Nanna Eißler
Hofgut Steinbachhof 1
71665 Vaihingen/Enz-Gündelbach
Tel.: (07042) 370587-0
E-mail: info@eissler-steinbachhof.de
www.weingut-eissler.de

Öffnungszeiten:
Freitags 14–18 Uhr, samstags 10–16 Uhr
Unter der Woche nach telefonischer Vereinbarung

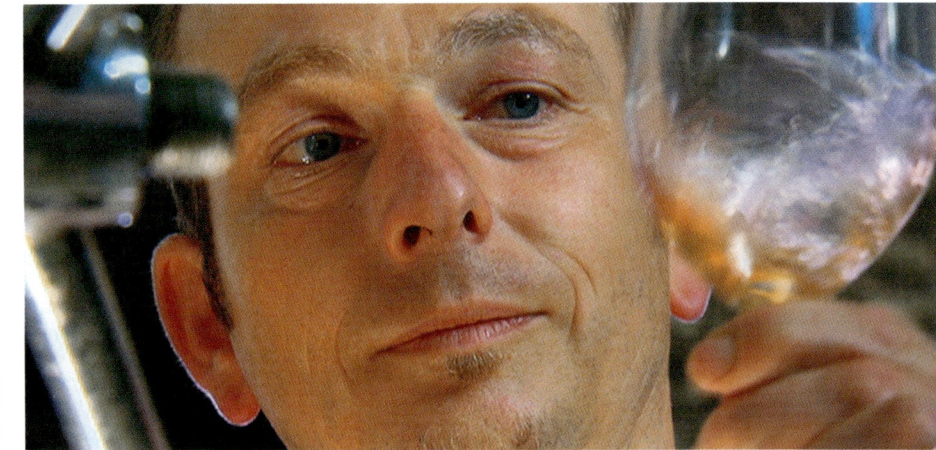

Kloster Maulbronn

Es ist die am vollständigsten erhaltene mittelalterliche Klosteranlage der Zisterzienser nördlich der Alpen und gehört seit 1993 zum UNESCO-Weltkulturerbe. Die Hauptgebäude des Klosters wie auch der Wirtschaftshof mit Ökonomie- und Verwaltungsbauten, die Klostermauer mit Torturm und erhaltenen Befestigungstürmen sowie Teile der umliegenden Kulturlandschaft vermitteln auch heute noch einen Eindruck von der geistigen und wirtschaftlichen Lebenswelt der Mönche.

Mitte des 12. Jahrhunderts begannen die Zisterzienser mit dem Bau und im Lauf der Jahrhunderte entstand eine riesige Klosterstadt. Die noch im 12. Jahrhundert geweihte Klosterkirche und die Klausur waren ursprünglich im Stil der Romanik gebaut worden. Die Kirchenvorhalle, der Südflügel des Kreuzgangs und das Herrenrefektorium sind Beispiele für den Übergang von der Spätromanik zur Frühgotik. Das Brunnenhaus, das Laienrefektorium und der Spitalgang stammen ebenfalls aus dieser Bauphase. Zusätzlich vergrößerten die Mönche ihre Klosteranlage um zahlreiche Wirtschaftsgebäude im westlichen Klosterhof. Im 14. und frühen 15. Jahrhundert wurden Bereiche des Klosters, unter anderem der Kapitelsaal, der Kreuzgang und das Brunnenhaus, im Stil der Spätgotik modernisiert. Damals bekam die Kirche große Maßwerkfenster, ein Netzrippengewölbe und neue Wandmalereien. In der Zeit von Abt Albert von Ötisheim, der das Krankenhaus aufstockte und es zu einem großen Gästehaus, dem Herrenhaus, umfunktionierte, gelangte das Kloster zu einer neuen Blüte.

Im Zuge der Reformation richteten die Herzöge von Württemberg, die im 16. Jahrhundert die Herrschaft über Maulbronn besaßen, in Maulbronn eine Klosterschule ein und das Herrenhaus wurde zum Sitz des Schulleiters. Maulbronn entwickelte sich allmählich zu einer Kleinstadt und Verwaltungsmittelpunkt.

Kloster Maulbronn
Klosterhof 5
75433 Maulbronn
Tel.: (07043) 926610
www.kloster-maulbronn.de

Öffnungszeiten:
März bis 31. Oktober 9–17.30 Uhr
Letzter Einlass 16.45 Uhr
November bis 28. Februar Di–So 9.30–17 Uhr
Letzter Einlass 16.15 Uhr

Ausflugs-Tipps

Ruine Eselsburg

Die Ruine der Eselsburg steht am Waldrand, im Norden von Ensingen und wurde 1188 zum ersten Mal urkundlich erwähnt. Von der Burg mit ovalem Grundriss, ursprünglich mit Ringgraben und vorgelegten Wällen, stehen heutzutage nur wenige Reste. Erhalten haben sich das große, ovale Plateau, ein Teil der Wehrmauer – dieser ist nur vom Graben aus zu erkennen – und das Fundament des Bergfrieds. Das Fundament wurde wieder aufgestockt und anschließend mit dem heutigen hölzernen Turm versehen. Zusätzlich zur Aufstockung des Bergfriedes wurden drei weitere Gebäude errichtet. In der Nähe des ehemaligen Zugangs wurde eine Brücke gebaut, die den Wanderweg weiterführt, und im Wald in 300 m Entfernung findet man den ehemaligen Burgbrunnen, der heute noch Wasser führt.

Anfahrt:

Von der B10 in Illingen abfahren Richtung Ensingen. Innerorts auf der Hauptstraße bleiben und von dieser nach der Linkskurve in die Robert-Koch-Straße abbiegen. Anschließend links in die Ritterstraße An der Ecke von Rit-

terstraße und Mozartstraße parken und der Ausschilderung zur Burg folgen. Innerorts ist die Burg teilweise schon ausgeschildert.

www.burgenarchiv.de / burgen / eselsburg

See- und Wald-Rundweg

Die Tour startet am Wanderparkplatz Seewaldseen der Straße Horrheim–Gündelbach. Dort geht es an der Fischerhütte vorbei, dann leicht rechts in Richtung Waldrand und später auf dem Strombergsträßchen zum Lauerbrunnen und zur Stromberghütte mit Spiel- und Grillplatz. Nach etwa einem Kilometer biegt der Weg nach links ab und führt bergauf (blaue Wegmarkierung) zum Rennweg mit der Laubsteiglehütte und einem Rastplatz. Dem Fernwanderweg mit der Markierung (blaues Kreuz) des Schwäbischen Albvereins 2,5 km folgen bis zur Kreuzung von zwei Wanderwegen und dort den Rennweg verlassen, dem blauen Balken und dem Zeichen des Rundwanderweges nachgehen. Links abwärts geht es am Hamberger See vorbei, mit Blick geht aufs Mettertal und den Ort Gündelbach, das sich unterhalb des Hangs ausbreitet. Darauf führt der Weg nach links abwärts und an der Stelle, wo die Route einen Knick nach rechts macht, führt sie 300 m links in Richtung Steinbachhof. Unmittelbar vor dem Hof geht es jedoch zunächst nach rechts und dann etwas bergab. Nach 1,5 km stößt man auf den Radweg Gündelbach-Horrheim, folgt diesem links und erreicht in 700 m den Ausgangspunkt der Rundwanderung.

Strecke 11,1 km; Dauer 3:30 h; Schwierigkeit mittel; Wegkennzeichen

Der Sonnenhof von Rudolf Bühler

Wolpertshausen im Hohenloher Land

Ein stolzer, freier Bauer mit Weitblick

„Man sagt immer, wir Hohenloher Bauern hätten den aufrechten Gang nie verlernt.“ Und wer ihn sieht, den stattlichen Mann mit dem breitkrempigen Trachtenhut, der ahnt, dass Rudolf Bühler weiß, wovon er spricht. Seit der Ritter Eberhardt von Bühler 1387 hier im Hohenloher Land Burg und Hof anlegte, benannt nach dem Fluss Bühler, lebt Familie Bühler hier, inzwischen in der 14. Generation – eine Bauerndynastie! „Dazu gehört auch Widerstand, Widerstand gegen agrarindustrielle Tendenzen, gegen die Gentechnik – wir sind eben freie Bauern“, meint Bühler selbstbewusst. Als junger Mann lernte er Landwirt, studierte als Agraringenieur in Stuttgart und Agrarsoziologie in England, dann ging er als Entwicklungshelfer ins Ausland. Zuerst nach Sambia; in zweieinhalb Jahren baute er eine 1600 ha große Musterfarm auf mit Schweinehaltung und eigenem Schlachthaus. Später, in Syrien, hieß die Herausforderung ein Bewässerungsprojekt und Ausbildung lokaler Agraringenieure zu Farmleitern. Nächste Station war das Agrarministerium in Bangladesch wo er für den Aufbau des ländlichen Beratungsdienstes verantwortlich zeichnete. Zurück in Deutschland als Hofnachfolger des Sonnenhofs im Hohenloher Land, sah er sich mit gleichartigen Themen konfrontiert. „Da habe ich meine Erfahrungen aus der internationalen Entwicklungsarbeit auf Hohenlohe übertragen.“
Rudolf Bühler, der heutige Besitzer des „Sonnenhofs“, zu dem prächtige Fachwerkbauten gehören, wollte nicht mitmachen bei der agrarindustriellen Ausrichtung von Land und

ECHT HÄLLISCHER
GANZKORN-SEN
MITTELSCHARF
BÄUERLICHE
SCHWÄBISCH HALL
Haller Straße 20, 74549 Wolpertshausen
Fax: (07904) 97 97-29 • www.besh.de

„Es ist ein Glück, wenn man das tun darf, was man im Leben für richtig hält“

Tieren. 1984 gründete er mit anderen Bauern eine Initiative zur Rettung des Schwäbisch-Hällischen Landschweins. Noch in den 1950er-Jahren war diese Rasse mit über 90 Prozent das vorherrschende Tier im Raum Schwäbisch Hall, dann kam der Einbruch: Wie überall verdrängten schnell wachsende, stromlinienförmige Moderassen die alten Arten aus den Mastbetrieben. Schnell, fettarm und billig musste produziert werden. Inzwischen hat der stolze Bauer, gegen alle Widerstände, die liebevoll „Mohrenköpfle“ genannten schwarzweißen Sattlerschweine, die in Deutschland aus dem chinesischen Maskenschwein gezüchtet wurden, erfolgreich vor dem Aussterben bewahrt. Deshalb ist der Sonnenhof auch ein sogenannter Arche-Hof. Wenn man sich die weitläufigen Schweineweiden des Sonnenhofs ansieht, auf der seine Schwäbisch-Hällischen mit Getreideschrot, Gras und Eicheln gefüttert werden und die meiste Zeit draußen verbringen, dann möchte wohl so mancher hier Schwein sein.

Aber Rudolf Bühler wäre nicht „der Bauer mit dem aufrechten Gang“, wenn er damit schon genug gehabt hätte. 1988 gründete er zusammen mit 8 weiteren Bauern die BESH (Bäuerliche Erzeugergemeinschaft Schwäbisch Hall) und wo andere Bauernhöfe stolz auf ihren eigenen kleinen Hofladen sind, hat er bis heute acht bäuerliche Märkte mit seinen Kollegen aufgebaut, in denen regionale Produkte angeboten werden. Der bekannteste ist der Regionalmarkt Hohenlohe in seinem Heimatdorf Wolpertshausen. „Traditionen müssen weiterentwickelt werden. Tradition ist, wenn man aus der Geschichte schöpft und Neues hinzufügt. Dies ist nichts Statisches, es ist gute bäuerliche Tradition, dass man auch innovativ nach vorne denkt“, sagt Bühler und hat inzwischen auch

Info

Sonnenhof
Familie Bühler
Haller Straße 20
74549 Wolpertshausen
www.BESH.de

einige Hilfsprojekte mit Kleinbauern und fairem Handel in Indien, Serbien und Sansibar unter dem Leitbild Seeds of Hope begründet. Aber auch auf dem Sonnenhof und mit der ECOLAND Erzeugergruppe hat er begonnen, im Hohenloher Land ökologische Gewürze anzubauen: Senfsaat, Kümmel und Koriander von alten Hohenloher Sorten, die nach Bühlers Meinung viel aromatischer schmecken als importierte. Gegenüber Agro-Gentechnik ist Bühler konsequent. Er gilt als großer Kämpfer und Organisator des Widerstands gegen die Agrokonzerne, gemeinsam mit den BESH-Bauern rief er 2004 Hohenlohe als Gentec-freie Region aus. Konsequent macht man sich unabhängig von den Genfood-Hochburgen Nordamerika und Südamerika. Das Hohenloher Land als Keimzelle einer neuen kraftvollen agrarischen Bewegung – freie Bauern eben. „Es ist ein Glück", sagt Rudolf Bühler, „wenn man das tun darf, was man im Leben für richtig hält."

Ausflugs-Tipps

Der **Regionalmarkt Hohenlohe** von der bäuerlichen Erzeugergemeinschaft Schwäbisch Hall ist ein ländliches Marktzentrum mit einer 950 m² großen Markthalle, in welcher das gesamte Angebot – über 4000 Produkte – regional erzeugter Lebensmittel zu finden ist. Dazu eine bodenständige Gastronomie mit Biergarten.
Ein Kinderspielplatz, ein ökologischer Kräuter- und Bauerngarten mit „Grünem Klassenzimmer" runden das Gesamtkonzept des Projekts ab.
Sitz in Wolpertshausen am Ortsrand an der B14/Autobahnauffahrt A6.

Öffnungszeiten:
Montag bis Samstag 7–20 Uhr
Sonntag (Schautag) 11–18 Uhr
Gastronomie täglich 7–23 Uhr
www.regionalmarkt-hohenlohe.de

Braunsbach

Die erste urkundliche Erwähnung stammt aus dem Jahre 1255. Die Herrschaftsrechte standen im 12. Jahrhundert dem Geschlecht der Hohenstaufen zu, das ein Jahrhundert lang die Kaiserwürde innehatte. Als das Geschlecht im 13. Jahrhundert ausstarb, kamen die Obrigkeitsrechte an verschiedene Herrschaften; zuerst an die Schenken von Limpurg, dann an die adeligen Familien der Reichsstadt Hall, um 1500 an die Spiess, sodann an die Herren von Crailsheim.

Ab 1637 kommt Braunsbach an die Herren von Vorburg und dann an den Fürstbischof von Würzburg. 1712–1802 steht Braunsbach unmittelbar unter würzburgischer Herrschaft. In diese Zeit fällt auch die Aussiedlung der ersten Juden. 1802 kommt Braunsbach an die Fürsten von Hohenlohe-Jagstburg. 1805 wird es ein Teil von Württemberg und ist damit am letzten noch geltenden Abschnitt der Geschichte von Braunsbach angelangt. In Braunsbach sind viele jüdische Spuren zu finden: das Rabbinatsgebäude mit Museumstrakt, die ehemalige Synagoge und der jüdische Friedhof. Sehenswert sind die 1611 erbaute Orgel in der Evangelischen Bonifatiuskirche (nördliche Hälfte aus dem 11. Jahrhundert), die Schlösser Tierberg, Döttingen und Braunsbach.

Rabbinatsmuseum Braunsbach

Es zeigt die wechselhafte Geschichte der jüdischen Gemeinde Braunsbach und informiert über das Neben-, Mit- und Gegeneinander von Juden und Christen von ca. 1600 bis 1942. Außerdem werden Grundzüge der jüdischen Religion vorgestellt.

Rabbinat
74542 Braunsbach
Tel.: (079 06) 85 12
www.rabbinatsmuseum-braunsbach.de

Öffnungszeiten:
April bis Oktober
2. und 4. Sonntag im Monat, 14–18 Uhr

Ganzjährig
Anmeldung von Gruppen
und Führungen unter
Tel.: (079 06) 85 12 oder 94 09 40

Brückenmuseum Geislingen

Die Kochertalbrücke in Braunsbach-Geislingen ist mit 185 Meter die höchste Brücke Deutschlands und die dritthöchste Europas. Im Brückenmuseum Geislingen gibt es Einblicke, wie die Brücke in den Jahren 1976 bis 1979 gebaut wurde, welche bautechnischen und geologischen Gesichtspunkte vorlagen und welche wirtschaftliche Bedeutung diese Brücke für Deutschland und Europa darstellt. Neben dem Museumsraum erfährt der Besucher anhand eines Filmes, wie die Brücke in nur 33 Monaten erbaut wurde.

Der Ort Geislingen am Kocher, ein Teilort der Gemeinde Braunsbach, war schon lange vor dem Bau der Kochertalbrücke ein wichtiger Verkehrsknotenpunkt. Das tiefe Kochertal stellte immer ein großes Hindernis für Reisende dar, die von Osten nach Westen oder von Westen nach Osten unterwegs waren. Die günstige Übergangsmöglichkeit über den Fluss und über das Tal befand sich etwa am Standort der heutigen Kochertalbrücke. Bereits ab dem 12. Jahrhundert ist die Bedeutung dieser West-Ost-Verbindung historisch belegt. Reisende benutzten sie oft, um nach Nürnberg und von dort aus nach Prag zu gelangen. Auch der Jakobspilgerweg führt auf seinem Weg nach Santiago de Compostela in Spanien an dieser Stelle durch das Kochertal bei Geislingen.

Kulturhaus im Steinig
74542 Braunsbach-Geislingen
Tel.: (07906) 1480
www.brueckenmuseum.de

BIO

Die Bannmühle von Hans Pfeffer

Odernheim am Glan

Ein idealistischer Ökonom mit vielen Helfern

Das wuchtige Sandsteingebäude aus dem 19. Jahrhundert ist ein weithin sichtbarer Blickfang. Bis in die 50er-Jahre war der wunderschöne Industriebau eine Mühle und die Familie Lellbach, die hier lebte, eine der reichsten im Ort – bis das große Mühlensterben begann.

Heute ist die Bannmühle nicht minder imposant. Und der jetzige Besitzer, Hans Pfeffer, würde sicher nicht zögern, auch sich als den reichsten Mann Odernheims zu bezeichnen – auch wenn er das nicht mit Blick auf das Geld täte. Er ist ein Idealist mit Sinn für das große Ganze. Die „Atomkraft? Nein, danke!"-Flagge thront in Gelb und Rot auf dem First des höchsten Daches, das heute keine Mühle, sondern einen Bauernhof bedeckt. „Mein inneres Ziel war nicht immer höchste Erträge und einfachste Arbeit, es ist schon dieses Bewahren der Natur. Das lag mir immer am Herzen", bekennt der Bauer.

Der Bauernhof Bannmühle steht, wie sein Besitzer, für eine Einstellung – und gerade das hat den Hof zu einer Marke gemacht, die weit über die Grenzen Odernheims bekannt ist. Die Pflege und Erhaltung der Kulturlandschaft am Glan und an der Nahe ist für Hans Pfeffer Aufgabe und Ziel: „Also wenn man hier in der Landschaft steht und rumguckt, da geht mir das Herz auf. Ja, das mach' ich gerne. Und das erlebe ich, das spüre ich, ich bin total gerne draußen. Ich mach' mein Heu gerne oben auf den Bergwiesen, ich fahre gerne bei Morgennebel an der Nahe oder am Glan entlang, das ist wunderbar. Aber ich muss auch ökonomisch denken. Ich steh da in so einem Spannungsfeld, ganz klar."

BANNMÜHLE
Bioland Ab Hof Verkauf
Fleisch:
Saft:
Naturkostladen
6./7. Mai 2006
Herzlich willkommen zu den
Bio-bewegt-Touren

„Also wenn man hier in der Landschaft steht und rumguckt, da geht mir das Herz auf“

Das Kapital des Öko-Ökonoms, das seinen Idealismus überhaupt überlebensfähig macht, sind zum einen die Streuobstwiesen, auf denen Äpfel wachsen, die in der Bannmühle zu bestem Apfelsaft gekeltert werden. In seinem Hofladen ist dieser der Renner, auch weil Pfeffer seinen Saft mit anderen Früchten mischt: ob mit Kirschen, Quitten, Holunder oder Johannisbeeren, alles selbst angebaut – sogar einen Apfel-Mangosaft gibt es, einen Cidre und einen Secco obendrauf. Als Biolandhof natürlich ohne Agrarchemikalien und ohne Gentechnik.

Zum anderen ist es das hochwertige Rindfleisch! Hans Pfeffer züchtet nämlich Glanrinder, eine sehr seltene Rasse, von der es weltweit nur noch 2000 Tiere gibt. Die hellbraunen Rinder sind früher, wie der Name schon vermuten lässt, hier am Flüsschen Glan zu Hause gewesen. Das ist irgendwie typisch für den Überzeugungstäter Hans Pfeffer: erhalten, bewahren und das Beste daraus machen – für alle. Er hat seinen Hof geöffnet, empfängt Interessenten mit gleichbleibend offener Freundlichkeit. Übrigens nicht nur er: 15 Menschen aus drei Generationen leben auf dem Hof, engagierte, sozial denkende Menschen. Sie haben einen „Lernort Bauernhof“ geschaffen, veranstalten Tagungen und bieten Gästezimmer und sogar ein Tipicamp als Zeltplatz an. Sie entsenden Freiwillige zu Friedensdiensten in kirchliche und soziale Projekte der Dritten Welt und nach Osteuropa. Die Vorbereitungen und Praktika finden alle hier auf dem Hof statt. Und so erklärt sich auch die bunte „Atomkraft? Nein danke!“-Flagge – auf der Bannmühle lebt man eine Einstellung, erzeugt Strom aus der Wasserkraft des Glan, der die Mühle idyllisch umfließt, und sorgt sich um die Welt, in der wir alle leben, in bester bäuerlicher Tradition.

Info

Bannmühle
Hans Pfeffer
Staudernheimer Straße 1
55541 Odernheim
Tel.: (06755) 1053
www.bannmuehle.de

Öffnungszeiten Hofladen:
Mittwoch und Freitag 16–18:30 Uhr
und Samstag 10–12:30 Uhr

Ausflugs-Tipps

Klosterruine Disibodenberg

Der Disibodenberg mit der Klosterruine liegt im Mündungsdreieck von Nahe und Glan. Die Grundrisse der klösterlichen Gebäude aus benediktinischer und zisterziensischer Zeit sind hier noch deutlich zu erkennen. Der Weg durch die Südpforte führt direkt zur St.-Nikolaus-Kirche, im Norden schließen sich Kreuzgang und Kapitelsaal an, Küche und Wirtschaftsbereiche folgen.

Bereits die Kelten wählten diesen Ort für eine heilige Stätte, Römer bauten hier einen Jupitertempel und der Namenspatron des Berges, der hl. Disibod, ließ sich im 7. Jahrhundert als Einsiedler am Fuß des Berges nieder. Erzbischof Willigis richtete um 975 auf dem Disibodenberg in bereits bestehenden Gebäuden ein Kollegiatstift mit 12 Kanonikern ein. Etwas mehr als hundert Jahre später folgten den Kanonikern Benediktinermönche aus dem Mainzer Kloster St. Jacob und 1108 wurde der Grundstein für eine weitläufige Klosteranlage gelegt, die 1143 durch Erzbischof Heinrich I. von Mainz geweiht wurde. Im Jahre 1106 trat die später als Hildegard von Bingen verehrte Heilige in die Frauenklause ein. Sie wurde 1136 neue Meisterin des Konvents, der bis zu ihrem Fortzug auf den Rupertsberg bei Bingen um 1150 auf etwa 20 Schwestern anwuchs. Mitte des 13. Jahrhunderts begann der allmähliche Niedergang des Klosters mit der Eroberung und Verwüstung 1242 durch eine Adelskoalition unter Führung der Wild- und Rheingrafen. Im Jahr 1259 wurde es durch den Mainzer Erzbischof aufgelöst. Die Gebäude und der Besitz gingen an die Zisterzienser des Klosters Otterberg in der Pfalz über, die dort 300 Jahre lang eine Filiale innehatten. Nach mehreren Plünderungen im 16. Jahrhundert ging diese 1559 an Herzog Wolfgang von Pfalz-Zweibrücken über, der sie auflöste. Nach der Reformation verfiel das Kloster und wurde, als es der letzte Verwalter um 1730 verließ, von benachbarten Orten als Steinbruch genutzt.

In napoleonischer Zeit geht der gesamte Disibodenberg in Privatbesitz zweier Familien über. 1953 erbt Gräfin Ehrengard von Hohenthal die Klosterruine. Ihrem und dem Engagement ihres Mannes Hans-Lothar Freiherr von Racknitz sind die weitgehende Sicherung und Erhaltung der Klosterruine zu verdanken. Zwischen 1985 und 1990 wird die Klosteranlage, die sich über 2,5 Hektar erstreckt, durch umfangreiche Ausgrabungen in ihrer heutigen Form wieder sichtbar gemacht.

Zum 900. Geburtstag der hl. Hildegard im Jahr 1998 entstand ein Museumsbau zur Präsentation und Aufbewahrung der Funde aus römischer, romanischer und gotischer Zeit sowie der Renaissance. Der Disibodenberg ist Privatbesitz. Der Parkplatz ist schon privates Gelände, ebenso der Weg zur Ruine.

Öffnungszeiten (Museum):
April bis Oktober (außer, es regnet, stürmt und schneit): Freitag 14–17 Uhr, Samstag 12–18 Uhr, Sonn- und Feiertag 11–17 Uhr, zu Ferienzeiten nachmittagsund auf Anfrage

Die Klosterruine ist über Zahlung des Eintrittsgeldes am Drehkreuz ganzjährig zugänglich.

www.disibodenberg.de

Meisenheim hat heute noch viel mittelalterliche Bausubstanz, da es als einzige der vormals pfälzischen Städte in seiner fast 700-jährigen Geschichte von Kriegen und größeren Katastrophen verschont geblieben ist.
Im 7. Jahrhundert wurde es vermutlich von einem fränkischen Siedler namens Meiso gegründet. Der Name „Meysinheim" (Heim des Meiso) wird erstmals 1154 in einer Urkunde des Klosters Disibodenberg erwähnt. Am 22. März 1315 erhielt Meisenheim als Lehen der Grafen von Veldenz für treue Dienste von König Ludwig dem Bayern die Stadtrechte, wodurch es politischer und wirtschaftlicher Mittelpunkt im unteren Glantal wurde. Von der damals errichteten Stadtmauer sind noch große Teile mit Untertor, Münz- und Bürgerturm erhalten. 1444 begann unter den Herzögen von Pfalz-Zweibrücken die Blütezeit der Stadt Meisenheim, was heute noch an Bauwerken aus dieser Zeit zu erkennen ist. In wechselnder Folge war die Stadt Residenz, Nebenresidenz und Witwensitz des Herzogtums. 1815 kam Meisenheim an Hessen-Homburg; Landgraf Friedrich Josef nutzte gerne das Schloss als Sommerresidenz für sich und seine Ehefrau, eine Tochter Georgs III. von England. Die Landgräfin kaufte 1826 das alte, 1614 erbaute Schloss und erweiterte es durch einen größeren Seitenflügel und ließ einen Schlossgarten mit Terrassen anlegen.
Die Altstadt von Meisenheim steht heute als Ensemble unter Denkmalschutz. So stammt zum Beispiel der Bürgerturm aus dem frühen 14. Jahrhundert und die ehem. lutherische Christianskirche (Rathausgasse 1) wurde 1761–1771 als ein schlichter Barockbau mit Rundbogenfenstern und Walmdach erbaut. Die Mohren-Apotheke (Marktplatz 2) ist ein charakteristischer Renaissancebau um 1550/1560, in der gleichen Zeit entstand auch die zweigeschossige Markthalle (Marktplatz 4) mit einer offenen Säulenhalle im Erdgeschoss. Das spätgotische Rathaus (Untergasse 23) ist ein dreigeschossiger Krüppelwalmdachbau von 1517. Er verweist durch seine Größe und Gestaltung auf einen verhältnismäßig großen Wohlstand der Stadt zu Beginn des 16. Jahrhunderts.
www.meisenheim.de

Der Hunolsteiner Hof der Familie Binz

Morbach-Hunolstein im Hunsrück

Eine Torte vom Niederrhein macht Karriere im Hunsrück

Der Geschichte erster Teil: Der Hunolsteiner Hof aus dem Jahr 1848 ist im Grunde ein Trierer Langhaus, das Wohnhaus, Stallungen und Scheune unter einem langgezogenen Dach vereint. So was war früher im rauen Hunsrückklima praktisch, weil das Vieh wohl die Bauern gleich mit gewärmt hat. Ein Gebäude für alle und alles – sozusagen der Kombi unter den Bauernhäusern. Hübsch sieht der Bau aus Rotsandstein und weißem Putz heute trotzdem aus. Der Hunolsteiner Hof ist allerdings auch der ehemalige Gutshof der Ritter und Grafen von Hunolstein. Einen Hof dieses Namens gab es in der langen Geschichte seit dem 12. Jahrhundert immer, wenn auch nicht immer am selben Ort. Ursprünglich waren die wechselnden Höfe vor allem dazu da, die Burg Hunolstein zu ernähren – aber das ist lange her. Die Burg ist seit Jahrhunderten nur noch eine Ruine, das Geschlecht derer von Hunolstein floh während der Reformation nach Frankreich, um katholisch bleiben zu können. Zurück blieb der Hof des Ritterguts, der noch bis 1953 dem Grafen Felix Maria Eduard von Hunolstein gehörte; seit 1930 bewirtschaftet die Familie Binz den Hof, der ihr heute gehört. Womit wir beim Problem wären: Heute, im strukturschwachen Hunsrück, in Zeiten des Bauernhofsterbens und der Landflucht, braucht man schon Ideen, wenn man gerade hier überleben will – vor allem als Landwirt.

Der Geschichte zweiter Teil: Ursula Binz stammt aus einem Düsseldorfer

Hunolsteiner Hof
Sabine Binz
54497 Morbach-Hunolstein
Tel.: (06533) 3380
Fax: (06533) 4720
E-Mail: info@hunolsteiner-hof.de
www.hunolsteiner-hof.de

Konditor-Haushalt. 1963 kam das Mädchen vom Niederrhein für ein praktisches Jahr in den Hunsrück, zu einer Cousine ihrer Mutter. Auf dem Hunolsteiner Hof lernte sie dann ihren Mann kennen – und hatte einen Traum: Hier im Hunsrück, bei Morbach, wollte sie ein Café eröffnen – verrückt! Es dauerte dann auch noch etliche Jahre, bis die Hauswirtschaftsmeisterin in Form ihrer Schwiegertochter Sabine Hilfe bekam und 1996 Ernst machen und das erste Bauernhofcafé in ganz Rheinland-Pfalz eröffnen konnte. Dass das eine ziemlich gute Idee war, die letzten Endes den Hof gerettet hat, sieht man heute immer von mittwochs bis sonntags, wenn Familie Binz öffnet. Angefangen haben sie mit einem einzigen Raum, inzwischen gibt es 200 Plätze im Café, und die sind mit Gästen aus der Region, aber auch aus Frankreich, Holland und sogar England regelmäßig aus-

gelastet. Die Seniorchefin und ihre Schwiegertochter haben sich in den letzten fast zwanzig Jahren zu wahren Weltmeistern im Kuchenbacken und Tortenverzieren entwickelt. 2007 wurde der Pionier unter den Bauernhofcafés folgerichtig zum Besten seiner Art in ganz Rheinland-Pfalz gewählt! Alles hier ist noch handgemacht, mit regional erzeug-

„Wir machen den Beruf hier noch gerne. Wenn wir'n nimmer mehr gerne machen, hör'n wir auf – aber so schnell hör'n wir noch nit auf"

ten Zutaten – und mit Liebe natürlich: „Wir machen den Beruf hier noch gerne. Wenn wir'n nimmer mehr gerne machen, hör'n wir auf – aber so schnell hör'n wir noch nit auf", man hört die Rheinländerin auch nach all den Jahren noch durch bei Ursula Binz.

Ihr Sohn Jochen ist mittlerweile der einzige Mann in der Familie und kümmert sich um die Landwirtschaft auf dem Hunolsteiner Hof – heute allerdings nur noch im Nebenerwerb, aber trotzdem wichtig, denn zum Hof gehört traditionell auch eine Herde von Jersey-Rindern. Und die, oder besser deren Fleisch, sind der zweite Renner im Bauernhofcafé – vor allem natürlich als Hausmacher-Wurstplatte. Dass man die schmucken Tiere vom Fenster des wunderschönen Cafés aus beobachten kann, könnte den einen oder anderen Gast doch veranlassen, beim Kuchen zu bleiben. Aber so ist es eben auf dem Hunolsteiner Hof: Einfach gut und ehrlich, was Ursula, Jochen und Sabine Binz machen – sich nicht unterkriegen lassen und einen Traum verwirklichen!

Ausflugs-Tipps

Die im Tal der Dhron gelegene **Burgruine Baldenau** ist die einzige Wasserburg im Hunsrück. Sie war ursprünglich von einem zwölf Meter breiten Wassergraben umgeben. Vor der Zerstörung besaß sie drei oder vier Stockwerke mit rechteckigen Fenstern. Der Turm der Burg besitzt einen Durchmesser von etwa 10,50 m, eine Mauerstärke von 3,50 m und hat eine Turmhöhe von 25 m. Der Eingang befindet sich in 12 m Höhe und war über eine Treppe und Galerie von der Nordmauer aus zu erreichen. Erst vor 150 Jahren wurde ein Durchbruch im Erdgeschoss hergestellt.

Die Burg wurde um 1320 von Erzbischof Balduin errichtet, um seinen Herrschaftsbereich gegen die Grafschaft Sponheim abzugrenzen, und diente ihm zeitweise als Jagdschloss. 1332 wird die Burg als Besitz von Kurtrier durch den deutschen Kaiser Ludwig der Bayer bestätigt.

Die erste Zerstörung der Burg erfolgte im Dreißigjährigen Krieg durch die Schweden, allerdings wurde sie in den Jahren 1649–54 wiederaufgebaut. Die zweite Zerstörung der Burg im Jahr 1689 durch die französischen Truppen des Generals Melac im Pfälzischen Erbfolgekrieg war aber so folgenschwer, dass die Burg nicht mehr bewohnbar war und allmählich verfiel. In den 1980er-Jahren fanden Maßnahmen zur Erhaltung, Sicherung und teilweisen Wiederherstellung der Burgruine Baldenau statt und der Wassergraben wurde wiederhergestellt.

Anfahrt

Hunsrückhöhenstraße (B327), ca. 5 km nordöstlich von Morbach nach Hundheim abbiegen, im Dorfzentrum dann ausgeschildert (ca. 1 km außerhalb). Kostenlose Parkmöglichkeiten unmittelbar an der Burg (Feldweg). Nach Restauration wieder von einem ca. 12 m breiten Wassergraben umgeben. Die Burgruine ist über eine neue Holzbrücke zu erreichen, der Innenhof der Ruine ist frei begehbar.

www.morbach.de/nc/tourismus/sehenswertes/burgruine-baldenau

Hunolsteiner Klamm-Tour

Der Hunolsteiner Hof ist Ausgangspunkt für die Wanderung auf der Hunolsteiner Klamm-Tour. Der rund 11 km lange Rundwanderweg mit zwei anspruchsvolleren Steigungen (höchster Punkt 430 m, tiefster Punkt 260 m) führt durch das Dhrontal und bietet weite Blicke in den Hunsrück. Anfangs verläuft der Bach zwischen schroffen Felspartien unterhalb der Burgruine Hunolstein der Mosel zu. Von der ehemaligen Burg stehen nur noch wenige Restmauern. Dennoch lohnt es sich, über die 60 Stufen auf den Burgfelsen zu steigen. Der Blick geht über die Hunsrücklandschaft und in das tief eingeschnittene Dhrontal. Zurück auf dem Weg kommt die im Wiesental gelegene Walholz-Kirche und dann geht es bergab zur „Reinhardsmühle“, deren Fassaden mit farbigen Fresken gestaltet sind. Der Weg führt weiter links der Dhron, die sich hier ihren Weg zwischen großen Felsbrocken im Bachbett sucht, und trifft auf die „Hölzbachklamm“. Nach dem Verlassen der Klamm führt der Wanderweg in südwestlicher Richtung zu der sogenannten Herrenwiese unterhalb des Ortes Haag und ab hier begleitet der Kellertsbach die Route talabwärts. Am Ende des Wiesentales wechselt der Weg wieder die Talseite, kommt zurück zur Dhron und vom tiefsten Punkt der Wandertour geht es nun durch ein Eichenwäldchen bergan. Nach Erreichen der Höhe führt der Weg zum Ausgangspunkt zurück.

Bitte unbedingt auf dem vorgegebenen Weg bleiben. Festes Schuhwerk ist dringend zu empfehlen.
Es sollten ca. 3 Stunden eingeplant werden.

Info
www.morbach.de/tourismus/freizeitaktivitaeten/wandern/hunolsteiner-klammtour/

Der Mönchhof von Robert Eymael

Ürzig an der Mosel

Denver-Clan an der Mosel – ein typisch untypischer Winzerhof

„Ich sag' immer, mein Großvater war verrückt – und das sieht man an dem Haus." Robert Eymael lacht gerne, vor allem, wenn er über den Baustil seines Winzerhauses, den Mönchhof, spricht. Das Zuckerbäcker-Ensemble in Rosa und Creme scheint so gar nicht nach Ürzig an die Mosel zu gehören – und wie ein Bauernhof sieht er eigentlich auch nicht aus. Jean Eymael, der besagte Großvater, war nämlich Holländer und ein Fan der Renaissance; diese Mischung machte dann aus einem ganz normalen, moseltypischen Winzerhof etwas, na ja, sehr Einmaliges.

Der Mönchhof selbst ist 500 Jahre alt und war Teil der Zisterzienserabtei des Klosters Himmeroth in der Eifel. Wein wird hier schon seit fast tausend Jahren angebaut. 1177 bestätigte Papst Alexander III. den ersten Weinbergsbesitz der Abtei in Ürzig. Die Himmeroder Mönche erbauten in dieser Zeit die Gewölbekeller und 1509 schließlich das heutige Gutsgebäude. Bereits 1717 stufte das Obere Erzstift die Lagen in die erste Klasse ein.

Die Franzosen unter Kaiser Napoleon I. säkularisierten im 19. Jahrhundert den Besitz und die Familie Eymael ersteigerte 1804 das Weingut in Paris. Jean Eymael verpasste dann gut 90 Jahre später, 1898, dem Haus die heutige Puderzucker-Fassade.

Auf der Weltausstellung 1893 in Chicago gab es für die Mönchhof-Weine schon höchste Auszeichnungen. Jean Eymael, der damalige Besitzer, gehörte im Jahre 1910 auch zu

den Gründungsmitgliedern des heutigen VDP (Verband Deutscher Prädikatsweingüter). Zu der Zeit ging es den Moselwinzern in Deutschland ausgezeichnet, ein Blick in die alten Weinpreislisten des Mönchhofs zeigt, dass deutscher Wein ein international beliebtes Luxusgut war. Der heutige Besitzer, Robert Eymael, kommt immer ein bisschen ins Schwärmen, wenn er die alten Weinpreise betrachtet, Preise, die zehnmal so hoch waren wie heute – und das bei wesentlich geringeren Herstellungskosten. Aber er kann auch darüber lachen und lebt gerne im Hier und Jetzt. Schließlich bescherte ihm die Bilderbuch-Fassade aus der großen Zeit des Mönchhofs tatsächlich einige filmreife Erlebnisse.

Von 1987 bis 1993 drehte hier nämlich der damalige Südwestfunk die Fernsehserie „Moselbrück" für die ARD. Über 30 Folgen lang verfolgten die Zuschauer bundesweit das Leben und Leiden der fiktiven Winzerfamilie Zerfass. Dallas und Denver-Clan an der Mosel.

In drei Staffeln fiel damals die Filmcrew über das Moseldorf Ürzig und

„Und wieder lacht der Winzer, so freundlich wie die unglaubliche Fassade seines Hauses strahlt auch er"

den Mönchhof her. Wenn Robert Eymael, der in der sechsten Generation seiner Familie hier lebt, heute daran zurückdenkt, dann mit einem lachenden und einem weinenden Auge: „Also die ersten zehn Folgen", erinnert er sich, „waren ganz amüsant und auch unterhaltsam für uns, die zweiten wurden dann schon lästig. Und die dritte Staffel mit zehn Folgen, da war es dann kaum noch auszuhalten. Ich hab in Erinnerung, dass es sehr abwechslungsreich war, aber wir waren auch froh, als sie alle wieder weg waren." Und wieder lacht der Winzer, so freundlich, wie die unglaubliche Fassade seines Hauses strahlt auch er. Es war eben eine turbulente Zeit für die Eymaels.
Heute geht es hier beschaulicher zu. Die Weinberge des Mönchhofs umfassen inzwischen 12 Hektar Rebfläche und sind zu 100 Prozent mit wurzelechten, zum Teil 100 Jahre alten Riesling-Reben auf rotem und blauem Schiefer bestockt! Und das ist eine absolute Seltenheit. In der Regel roden die Winzer nach spätestens 20 oder 30 Jahren ihre Weinberge, weil die Erträge nachlassen, die Qualität und der Charakter der Trauben aber steigen. Wurzelechte Reben im hohen Alter sind auf dem Mönchhof die Basis für subtile, filigrane restsüße Rieslinge aus dem Ürziger Würzgarten und dem Erdener Treppchen. Das angesehene Weingut bietet, neben seinen großen Riesling-Weinen, auch stilvoll eingerichtete Gästezimmer an. Hier ist nichts von der Stange, sondern alles geschmackvoll auf den Geist des Renaissance-Palastes abgestimmt, für den, der einmal die Atmosphäre eines typisch untypischen Weinbauernbetriebes an der Mosel kennenlernen möchte. Und ein bisschen vom Puderzucker-Charme der „verrückten" Fassade von Großvater Jean Eymael fällt sicher auch heute noch auf die Gäste.

Info

Mönchhof
54539 Ürzig
Tel.: (06532) 93164
E-Mail: info@moenchhof.de
www.moenchhof.de

Ausflugs-Tipps

Künstler- und Handwerkerdorf Herrstein

Graf Heinrich I. von Sponheim ließ 1265–1279 auf dem „Herrenstein“ eine Burg errichten, zu deren Füßen 1279 der Ort Herrstein entstand, dem 1428 der Landesherr Graf Johann V. die Stadt- und Marktrechte verlieh. Früher war das im 12. Jahrhundert erbaute Stadttor, der Uhrturm, die einzige Zugangsmöglichkeit zu den reichverzierten Fachwerkhäusern in fränkischem Fachwerk aus dem 15. bis 18. Jahrhundert. Ungefähr 60 alte Bürgerhäuser gruppieren sich um den Rathausplatz unterhalb von Schloss und Kirche. Die 4–5 m hohe Stadtmauer, die einst den Ort umgab, ist nur teilweise erhalten, da die Einwohner während des Pfälzischen Erbfolgekrieges, 1674, als Marschall Turenne mit seinen Truppen anrückte, eigenhändig die Stadtmauer abgerissen und so die drohende Zerstörung des Ortes abgewendet haben. Im „Schinderhannesturm“, einem der Burgtürme, hat 1798 der Räuberhauptmann eingesessen. In der ehemaligen Schlosskirche wurden 1959, während der Restaurierung der Kirche Bildtafeln eines unbekannten Meisters vermutlich aus dem 16. Jahrhundert entdeckt.

Die weitere bauliche Entwicklung verlief äußerst langsam, da die Gemeinde an der allgemeinen Bevölkerungsexplosion des 19. Jahrhunderts nicht teilnahm. So wurde im 18. und 19. Jahrhundert nur ein weiterer Straßenring außen um die Stadtmauer gelegt und ein Teil der Häuser direkt an die Stadtmauer angebaut. Ab 1974 legte man die Fachwerkfassaden zahlreicher Bürgerhäuser wieder frei, denn ab Anfang des 20. Jahrhunderts hatte man in Herrstein, wie in vielen anderen Orten der Umgebung, aufgrund des Zeitgeschmacks die Fachwerkfassa-

den verputzt. Nach dem Zweiten Weltkrieg erhielten die historischen Häuser dann eine Verkleidung mit Beton und Kunststoffputzen oder mit Eternit. An den restaurierten Gebäuden erläutern nun kleine Tafeln die Geschichte und Bedeutung der einzelnen Bauwerke.
Und aus dem Nachteil der geringen Entwicklung in den letzten 200 Jahren ergab sich eine einmalige Chance für den heutigen Ort: Nirgendwo sonst im Nahe-Hunsrück-Gebiet ist eine mittelalterliche Stadt noch so weitgehend erhalten.

Tourist-Information
Deutsche Edelsteinstraße
Brühlstraße 16
55756 Herrstein
Tel.: (06785) 790

www.vg-herrstein.de
www.kuenstlerdorf-herrstein.de
www.herrstein.de

Altstadt-Führungen:
vom 1. Mai bis 31. Oktober donnerstags um 16.30 Uhr und samstags um 14.30 Uhr ab Uhrturm (keine Anmeldung erforderlich)

Das Hofgut Petry

Körperich-Niedersgegen in der Eifel

Der goldene Grund ist eine fruchtbare Gegend, na klar! Er liegt in der Eifel, nahe dem Dorf Niedersgegen und der Stadt Andernach, an der luxemburgischen Grenze. Das Hofgut Petry passt hierher: Auf goldenem Grund muss es eben ein ritterliches Hofgut sein, ein Schloss fast! 1823 hat der Luxemburger Johann Joseph Richard hier vier hochherrschaftliche Schlossgüter für seine vielköpfige Familie gebaut. Das größte war sein Stammsitz und gehört nun, seit 1913, in vierter Generation, der Familie Petry.

„Wenn ich manchmal hinkomme, dann sagen die Leute auch schon zu mir: ‚Hier kommt der Schlossbesitzer', nur sag ich: ‚Wenn ihr da drin würd' wohnen, würdet ihr mal sehen, was für Kosten da entstehen'", lacht Werner Petry ein bisschen resigniert, „aber", fügt er dann gelassen hinzu, „wir haben uns daran gewöhnt und wir leben auch gern drin, wir haben großräumige Zimmer, wir sind das gewohnt – und versuchen es auch weiterhin gut zu erhalten."

Das hell verputzte, schlossartige Ensemble ist aber auch wirklich ein Schmuckstück inmitten des Tals. Die Wohngebäude, ja selbst die Stallungen, lassen keinen Bauernhof vermuten, eher rechnet jeder damit, dass gleich ein Rolls Royce oder Bentley in die geschotterte Einfahrt rollt, ganz selbstverständlich, aber es ist halt dann doch ein Traktor.

Dieser Bauernhof hat eben etwas Höfisches. Selbst die Schweinezucht wirkt sauberer, gepflegter, als man sich so etwas gemeinhin vorstellt, und auch die blassbraune Herde von Charolais-Rindern, die vor dem Schlossprospekt grast, wirkt adelig gelassen. Dabei sind die Petrys, die Herren dieses Schlosses, oder Bauernhofes, ganz normale Leute – es

„Man rechnet damit, dass gleich ein Rolls Royce oder Bentley in die geschotterte Einfahrt rollt, aber es ist halt dann doch ein Traktor“

Info

Hofgut Petry
Schlossstraße 6
54675 Körperich-Niedersgegen
Tel.: (06566) 93023

Öffnungszeiten:
Hofladen Freitag 14–18 Uhr und Samstag 9–14 Uhr sowie nach telefonischer Vereinbarung.
Tapetenzimmer und Hofgut können nach telefonischer Absprache mit der Familie Petry besichtigt werden.

scheint am Genius Loci, am Geist des Ortes zu liegen. Schon im 14. oder 15. Jahrhundert entstand hier eine Burganlage, auf deren Grundmauern das heutige, klassizistische Hofgut errichtet ist. Hier gibt es, neben viel Platz für Mensch und Vieh, sogar eine eigene Kapelle. Um das alles zu finanzieren, haben sich die Petrys auf Viehzucht spezialisiert. Vor allem Schweine und Rinder leben im und um den Hof herum und die, oder besser deren Erzeugnisse, bietet die Familie auch in ihrem eigenen Hofladen an.
Aber zurück zu dem, was man sich so gerne ansieht, dem „Bauernschloss“. Das Hofgut Petry ist auch heute noch prächtig ausgestattet, da hat man Johann Joseph Richard, dem Erbauer, Ehre bezeugt und alles so gut erhalten, wie es eben geht. Im Zweiten Weltkrieg wurde der Hof stark beschädigt, auch die größte Besonderheit, das sogenannte Tapetenzimmer, eine absolute Rarität! Der Raum steht unter Denkmalschutz und kann nach Voranmeldung (wie der ganze Hof) besichtigt werden. Drinnen bestaunt man eine wunderschöne Drucktapete. Sie stellt eine damals berühmte und beliebte Liebesgeschichte des französischen Schriftstellers Jacques-Henri Bernardin de Saint-Pierre in Bildern dar: Paul und Virginie, ein junges Liebespaar, das jenseits des damals üblichen Standesdünkels als Halbwaisen auf der tropischen Insel Mauritius aufwächst. Virginie wird von ihrer französischen Tante für eine standesgemäße Ehe nach Frankreich zurückgeholt. Als sie sich weigert, den Konventionen entsprechend zu heiraten, wird sie von ihrer erbosten Verwand-

ten zurück nach Mauritius geschickt, erleidet aber Schiffbruch und stirbt auf See. Ihr geliebter Paul, desillusioniert von den strengen Standesregeln im damaligen Frankreich, stirbt nach Virginies Tod ebenfalls.

Die prächtige und exotisch wirkende Tapete stammt von der renommierten Pariser Manufaktur Dufour. Josef Dufour gründete die Firma, nachdem er in Lyon seine Ausbildung als Tapezierer abgeschlossen hatte. Um 1805 beschäftigte Dufour et Cie bereits 90 Arbeiter. 1806 zog die Firma nach Paris um. In der Folge entwickelte sich ein reger Handel mit Amerika, wo die im neoklassizistischen Stil gestalteten Tapeten bei den oberen Schichten als sehr schick galten. Josef Dufour starb 1827 in Paris. Die Darstellung von Paul und Virginie stammt wohl von Jean Broc, einem Schüler des berühmtesten französischen klassizistischen Malers Jacques-Louis David.

Die Bäuerin Gertrud Petry ist stolz auf diesen Schatz und weiß ihn, wie ihre Vorfahren auch, sehr wohl zu schätzen: „Die Familie hat von Anfang an gewusst, wie wertvoll diese Tapete ist. Und die Tapete war auch beschädigt durch den Krieg, und man hat sie wieder restauriert. Sie blieb in jeder Generation in dieser guten Stube, wo die Tür meistens zubleibt, damit alles erhalten bleibt.“

Ausflugs-Tipps

Echternach

Es ist die Hauptstadt des Müllerthals und gleichzeitig die älteste Stadt in Luxemburg. Echternach hat sein mittelalterliches Stadtbild mit **Marktplatz** und **Patrizierhäusern**, dem aus der ersten Hälfte des 14. Jh. stammenden gotischen Stadthaus, das nach einem Einsturz originalgetreu im Jahr 2000 wieder aufgebaut wurde, sowie den verwinkelten Gassen und Resten der alten Stadtmauer bewahrt. Die **Stadtbefestigung** geht auf das 10. Jahrhundert zurück. Sie wurde im 13. Jahrhundert mit 20 Türmen, 4 Stadttoren und einer 2000 m langen Mauer vergrößert. Ein Großteil der Anlage wurde im 19. Jahrhundert. zerstört und die noch erhaltenen Türme wurden 1813 versteigert und zu Wohnzwecken ausgebaut. Zu den weiteren Sehenswürdigkeiten gehört auch der ehemalige **Gerichtshof „Denzëlt"** aus dem 14. Jahrhundert mit Folterkammer und Gefängnis. Nach einem Brand 1444 wurde er wiederaufgebaut und so mischen sich an der Fassade Bauelemente der Gotik und der Renaissance. Inmitten der Stadt liegt die alte **Pfarrkirche St. Peter und Paul**, deren Anfänge auf das 7. Jahrhundert zurückgehen. Sie wurde im 10. und 12. Jahrhundert dreischiffig ausgebaut und 1480 mit einem gotischen Gewölbe und Malereien geschmückt. Daneben gibt es die ehemalige **Benediktinerabtei** mit der **Basilika St. Willibrord**, deren heutige Form auf das 11. Jahrhundert rekurriert; sie wurde aber im Zweiten Weltkrieg stark zerstört und später im romanischen Stil wiederaufgebaut. Wesentliches Merkmal des Kirchenschiffs ist ein Stützenwechsel von Säulen und Pfeilern sowie ihre Krypta aus karolingischer Zeit mit Freskomalereien aus dem 14. Jahrhundert und dem Grabmonument des hl. Willibrord.

Nach dem Tod von Willibrord im Jahr 739 und dessen Beisetzung in der Krypta kamen die Pilger zu seinem Grab, um von dem Toten Heilung bei verschiedenen Krankheiten zu erbitten. Diese Verehrung zeigte sich unter anderem in Form einer **Prozession**, die **„die springenden Heiligen“** genannt wurde. Laut einem Dokument reicht sie mindestens auf das Ende des 15. Jahrhunderts zurück. Diese weltweit einmalige religiöse Veranstaltung findet noch heute jährlich mit tausenden Springern in Fünferreihen, aufgeteilt in etwa 50 Gruppen am Pfingstdienstag statt. Das Besondere an der Prozession ist das Springen, begleitet von einer unaufhörlich wiederholten Polkamelodie, zu den Klängen und Rhythmen von vielen Musikgruppen durch die Stadt zum Grab des Heiligen. Die Echternacher Springprozession wurde am 16. November 2010 in die UNESCO-Liste der immateriellen Kulturgüter der Menschheit aufgenommen.
Eine **römische Villa**, erst 1975 wiederentdeckt beim Anlegen eines Sees, ist eine der größten römischen Villen nördlich der Alpen aus dem 5. Jahrhundert. Das vollständig ausgegrabene Herrenhaus erscheint durch seine Ausdehnung von 118 x 62 m wie ein Palast, entsprechend aufwendig waren die 70 Räume allein im Erdgeschoss mit Säulengängen, Innenhöfen, Wasserbecken, Marmortäfelungen, Mosaikfußböden und Fußbodenheizung ausgestattet. Der Wirtschaftshof umfasste mindestens 10 weitere durch Luftbilder und geophysikalische Prospektion erschlossene Gebäude, die sich systematisch links und rechts der Hofmauer reihten. Im kleinen Museum sind Szenen aus dem alltäglichen Leben einer gallo-römischen Familie nachgestellt.

Sankt Willibrordus Basilika – Echternach
www.willibrord.lu

Öffnungszeiten
1.–30. März: Samstag & Sonntag 14–17 Uhr
31. März–6. April: täglich 14–17 Uhr
7. April–10. Nov.: täglich 10–12 Uhr und 14–17 Uhr

Römische Villa Echternach
47a, rue des Romains
www.echternach-tourist.lu

Unsere Landhotels

HOTEL
Alte Post"
Landhotel Restaurant

Die Alte Post von Heinrich Mack

Müllheim im Markgräflerland

Herr Mack hat eine Macke ...

... und die heißt klingeln. Die übliche Rezeptionsschelle, die natürlich auch im Hotelrestaurant „Hebelstube" in der „Alten Post" steht, klingelt gefühlte 1000-mal am Tag. Aber Heinrich Mack, seit 1982 der Chef des Hauses, hat schon Besserung gelobt – die Belegschaft ist vorsichtig optimistisch, dass das klappt. Es wird viel gelächelt und gelacht in diesem Haus, das liegt zum einen daran, dass es ein schönes Haus ist, stattlich, weiß, mit blauen Fensterläden und einem Vorgarten, der mit seiner Mischung aus Blumen und Kräutern bäuerlich, fast mediterran wirkt, zum anderen daran, dass nun mal der Fisch vom Kopf her stinkt, wie es im Volksmund so treffend heißt. Das gilt im Negativen, wie im Positiven – und Heinrich Mack ist als Kopf der „Alten Post" ein wohlriechender Fisch: freundlich, sympathisch und den Kopf voller guter Ideen.

Aber der Reihe nach: 1745 wurde die „Alte Post" als – genau – Postkutschenstation gebaut. Der Laden lief gut, allerdings setzte die Französische Revolution dem Haus schon bald schwer zu, kaiserliche Truppen und viele französische Emigranten besetzten die Station, 1795 war die Post Hauptquartier des Prinzen Condé. Die Postkutschenzeit brachte aber auch viele zufriedene Gäste: Goethe war hier auf seiner zweiten Italienreise, Hoffmann von Fallersleben, und der berühmte alemannische Dichter Johann Peter Hebel war Stammgast und besang die „Alte Post" in dem Gedicht *Der Schwarzwälder im Breisgau*:

Z' Müllen an der Post
Tausigsappermost
Trinkt me nit e guete Wi!
Goht er nit wie Baumöl ni
Z' Müllen an der Post.

‚Alte Post'
Hotel Restaurant

„Der Fisch stinkt vom Kopf her – und Heinrich Mack ist als Kopf des Hauses ein wohlriechender Fisch: freundlich, sympathisch und voller guter Ideen“

In den 1950er-Jahren, dem Zeitalter der Autoreisen gen Süden, wurde der gesamte Gebäudekomplex an eine Frankfurter Hotelgesellschaft verkauft, die als „Motel GmbH“ einen modernen autogerechten Beherbergungsbetrieb schaffen wollte. Nach dem Bau eines großen Gästehauses mit 40 Zimmern wurde 1957 der Betrieb als Hotel und Restaurant eröffnet. Man setzte stark auf die „automobile“ Zukunft. Der Bau der Autobahn beendete fast 30 Jahre später dieses Kapitel. 1986 kaufte Heinrich Mack die „Alte Post“ und arbeitet seitdem kontinuierlich daran, aus dem Haus etwas Besonderes – und etwas besonders Gastfreundliches zu machen.
1992 wurde es zum ersten Umwelthotel Deutschlands ernannt, alle Zimmer nach baubiologischen Kriterien gestaltet und mit Holzböden und individuell angefertigten Schreinermöbeln ausgestattet – überall gibt es einheimische Hölzer und natürliche Farben, eine intelligente Energie- und Rohstoffkontrolle und das Frühstücksbuffet ist natürlich ohne Verpackungsmüll. Die Palette bei den Zimmern reicht vom freundlichen, gemütlichen Familien-Appartement bis zu fast schon spartanisch eingerichteten „Japan Zimmern“ mit Futon und Tatami.
Dass das nicht in freudloser Ökoverköstigung endet, dafür sorgen schon der Chef und seine Mitarbeiter. Die „Hebelstube“, das Hotelrestaurant, ist vielfach ausgezeichnet und kocht genauso gut vegetarisch wie mit Fleisch. Den Service übernimmt der Weinkenner Heinrich Mack auch gerne selbst; als Spross einer Schaustellerfamilie ist er ein Performer, der will, dass seine Gäste in der „Alten Post“ ein zweites Zuhause finden. Und die Macke mit dem Klingeln, die kann der Mack auch ruhig behalten.

Alte Post
Posthalterweg / B 3
79379 Müllheim
Tel.: (07631) 17870
E-Mail: info@alte-post.net
www.alte-post.net/de

Öffnungszeiten:
Hotel: ganzjährig geöffnet
Restaurant: täglich 12–23 Uhr

Ausflugs-Tipps

Das **Besucherbergwerk Finstergrund** ist ein Museumsbergwerk, dessen Geschichte bis ins 13. Jahrhundert zurückreicht. Ein Team vom Bergmannsverein Finstergrund Wieden e. V. verwaltet den Besucherbetrieb und führt Führungen im Stollen durch. Während einer Führung, die ca. 1 Stunde dauert, erklärt der Bergführer technische sowie geschichtliche Einzelheiten zum Stollen und dessen Ursprung.
Nach einer kurzen Einleitung wird ca. ein Kilometer mit der hauseigenen Grubenbahn in den Stollen eingefahren, vorbei an Verbauungen, an der Nische mit der Patronin der Bergleute, der heiligen Barbara, und an den Wagen der ehemaligen Grubenbahn. Man erreicht nach rund 900 m den Erz- und Mineraliengang „Finstergrund".
Im Bergwerksgebäude werden die Besucher mit bunten Schutzhelmen ausgerüstet. Gutes Schuhwerk und warme Kleidung werden empfohlen, denn im Berg herrscht eine Temperatur von + 8 °C.
Das Besucherbergwerk liegt zwischen Wieden und Utzenfeld. Es ist über die Landstraße 126 zu erreichen. Parkplätze, auch für Busse, sind vorhanden.

Besucherbergwerk „Finstergrund"
Finstergrund 1
79695 Wieden
Tel.: (07673) 303
E-Mail: info@finstergrund.de
www.finstergrund.de

Öffnungszeiten:
Mai bis Oktober: Samstag / Sonntag / Feiertags 10–16 Uhr
Juli bis September zusätzlich Mittwoch 10–16 Uhr
November bis April geschlossen
Zur letzten Führung um 16 Uhr mindestens 15 Minuten früher kommen

Schon um 1690 hatte **Kandern** Bedeutung als Marktflecken. Die zentrale Lage des Hauptortes zwischen dem Schwarzwald und der Rheinebene bot einen idealen Standort für den Markt. Seit 1802 werden hier regelmäßig verschiedene Märkte ausgerichtet. Vor allem der seit über 75 Jahren – immer im September – stattfindende Kanderner Pferdemarkt machte Kandern über die Grenzen des Markgräflerlandes hinaus bekannt. Neben der Eisenverwertung spielten früher auch die Papierproduktion und bereits im 16. Jahrhundert das Hafner- und Zieglerhandwerk eine bedeutende Rolle. Im **Heimat- und Keramikmuseum** der Stadt wird die ganze Bandbreite der Kanderner Töpferkunst über einen langen Zeitraum hinweg anhand von ausgesuchten Exponaten dargestellt. Das 1976 in einem Staffelgiebelhaus aus dem 16. Jahrhundert eröffnete Museum hat neben vielfältigen Dokumenten und Objekten zur Stadtgeschichte in der ortstypischen Hafnerware und Töpferei einen Sammlungsschwerpunkt. Im ersten Stock wird Geschirr der Kanderner Hafner präsentiert. Das zweite Obergeschoss zeigt Keramiken der aus dem Hafnerhandwerk hervorgegangenen Kunsttöpferei: Arbeiten von Max Laeuger, dem Wegbereiter moderner Keramik in Deutschland, Stücke aus der Fayence-Manufaktur Kandern (1927–1938), die zeitlosen Entwürfe von Richard Bampi, Stücke von Horst Kerstan und die Arbeiten heutiger Künstler.

Eine Kopie der berühmten „Goldenen Sau von Kandern“, ein Trinkgefäß, das der badische Markgraf Georg Friedrich 1605 bei einem Augsburger Goldschmied fertigen ließ, sowie Erinnerungsstücke an die Schlacht bei Kandern, einem zentralen Ereignis der 1848er Revolution, bilden weitere Ausstellungsstücke.

Heimat- und Keramikmuseum Kandern
Ziegelstraße 30
79400 Kandern
Tel.: (07626) 9729955

Öffnungszeiten:
Mittwoch 15–17:30 Uhr
Sonntag 10–12:30 Uhr und 14–16 Uhr
sowie nach Vereinbarung

Die **Ruine Sausenburg** liegt östlich des Kanderner Ortsteils Sitzenkirch auf dem 665 Meter hohen Sausenberg. 1678 schleiften und zerstörten die Franzosen die Burg. Vom einstigen Burgberg sind ein Ringwall, ein Turm sowie einzelne Mauerreste erhalten. Die Burgruine ist jederzeit zugänglich.

Tourist-Information Kandern
Hauptstraße 18
79400 Kandern
Tel.: (07626) 972356
E-Mail: verkehrsamt@kandern.de
www.kandern.de

Das Hotel Spielweg von Karl-Josef Fuchs

Münstertal im Südschwarzwald

Familien-Superlativ und Kult-Restaurant

In der überregionalen Presse überschlagen sich die Superlative, wenn es um das Hotelrestaurant Spielweg und seine Küche geht. Karl-Josef Fuchs gilt als „Bester Wildkoch Deutschlands“ (F.A.Z.), seine Wildbratwürste wurden zu „Germany's Best Sausages“ gewählt (Food & Wine Magazine), es gehört laut GEO in der Kategorie „Familienhotels“ zu den 100 Besten in Europa und Sabine Fuchs wurde von der „Frankfurter Allgemeinen Sonntagszeitung“ in der Kategorie „Service“ zum „Liebling des Jahres“ gekürt. Es ist aber auch ein Schmuckstück, das da seit 300 Jahren idyllisch im Obermünstertal im Südschwarzwald liegt. Und dazu gemacht hat es die Familie Fuchs – nun schon in der fünften Generation.

Der Name Spielweg geht auf das altdeutsche Wort „spill“ für „teilen“ zurück. An diesem Ort teilte sich das Tal in zwei Täler; wie so häufig stand an einer solchen Stelle auch ein Gasthof. Die älteste Urkunde, in der ein Wirtschaftsrecht an ein Haus im „Spihlweeg“ verliehen wurde, stammt von 1705. Die erste Generation war Karl Fuchs I., der das Haus 1861 erwarb. Neben der Gastwirtschaft gehörten eine große Landwirtschaft und ein Holzhandel dazu. Mit der Zeit entwickelte sich das Haus auch zu einer beliebten Sommerfrische für die etwas bessere Gesellschaft. Zeitweilig war man auch Poststation, Metzgerei, Bäckerei und Tankstelle. Das Hotel ist im Kern mittlerweile zu einer Art Dorf gewachsen, es ist ein riesiger Komplex, ein Umwelthotel – das Freibad wird durch einen eigenen Bachlauf gespeist.

Spielweg b/ Staufen i. Schwarzwald 550 m ü.M.
Gasthof u. Pension „Hirschen"
HUPFER
Alte Wirtsstube

Das Besondere aber ist die Familie Fuchs, allen voran Karl-Josef Fuchs, der Koch – und der Jäger! Das gehört nämlich zusammen, denn diese Kombination hat seine Küche und das Hotelrestaurant bekannt gemacht. Der „beste Wildkoch Deutschlands“ hat schon vier Kochbücher allein über die Wildküche geschrieben und er gibt immer wieder vielbesuchte Seminare zu allen möglichen Fragen rund ums Kochen. Es ist „ein Haus mit Kultstatus“, jubelte ein Kritiker einmal, und das liegt vielleicht auch an der „offenen“ Karte, die den Gästen – wie in vielen Sternerestau-

„Germany's Best Sausages – ein Haus mit Kultstatus – der beste Wildkoch Deutschlands"

Hotel Spielweg
Familie Sabine und Karl-Josef Fuchs
Spielweg 61
79244 Münstertal
Tel.: (07636) 709-0
E-Mail: fuchs@spielweg.com
www.spielweg.com
Öffnungszeiten:
Das Restaurant hat das ganze Jahr geöffnet.
Kein Ruhetag!
Mittagessen 11:30–14 Uhr
Abendessen 18:30–21 Uhr

rants – nicht unbedingt gleich ein mehrgängiges Menü unterjubeln will, sondern auch brillante und erschwingliche Kleinigkeiten bietet. Besonders ist aber auch der Service des Hauses unter Sabine Fuchs. Dazu sei es erlaubt, einmal die Feinschmecker Jürgen Dollase und Stuart Pigott zu zitieren: „... ihre Gäste wollen entspannt die schöne Wild- und Regionalküche von Ehemann Karl-Josef Fuchs genießen, und Madame macht daraus ein Erlebnis – mit dem trockenen Humor und der Lebensweisheit ihrer rheinischen Heimat und dem Wissen, dass ein überragender Gastgeber immer auch ein perfektes Echo seiner Gäste ist." Und was sagt das nun über die Gäste? Es ist ein durchaus bildungsnahes und oft recht individualistisches Publikum, das hier im Spielweg aufläuft. Ein Freund des Hauses kommt immer wieder hierher: der berühmte elsässische Zeichner Tomi Ungerer. Nach ihm wurden sogar eine Suite und ein Gastraum im Restaurant benannt, natürlich geschmückt mit vielen ironischen Bildern Ungerers zu den Leidenschaften des Jägers Karl-Josef Fuchs. Eins davon ist unterschrieben mit „für meinen Karl Joseph – bleib wild! (wie ich!)" – der freut sich und kann herzlich darüber lachen.

Ausflugs-Tipps

Besucherbergwerk Teufelsgrund

Im Münstertal und seinen weit verzweigten Nebentälern befinden sich an die 50 verschiedenen Erzgänge, in denen vom frühen Mittelalter bis in die 1950er-Jahre mit wechselndem Erfolg Silber, Blei, Kupfer und zuletzt auch Fluss- und Schwerspat abgebaut wurden.

Durch den mittelalterlichen Bergbau wuchs die Stadt Münster zu einer der reichsten Städte im Südschwarzwald heran. Während des Dreißigährigen Krieges kam der Bergbau auch hier zum Erliegen. Zum einen fehlten Bergleute und Finanzmittel, zum anderen waren die Hänge des Schwarzwaldes durch Rodung nahezu entwaldet. So überstanden im hier nur wenige Gruben diese Krisenzeit.

Im Mittelalter wurde in einem Seitental des Münstertals, am Fuß des Belchen, Silber abgebaut. Im 19. Jahrhundert förderten zeitweilig bis zu 400 Bergleute im „Teufelsgrund" Blei, bis die Förderung 1864 eingestellt wurde. Um Flussspat zu gewinnen, wurde der Betrieb in der Grube 1942 nochmals – erfolglos – aufgenommen. Man legte deshalb die Grube 1958 endgültig still.

Seit 1970 ist das Bergwerk Teufelsgrund als Schaubergwerk der Öffentlichkeit zugänglich. Der etwa 500 Meter lange Stollen, verschiedene Bergbaugeräte und Mineralien vermitteln ein Bild vom Bergbau im Münstertal. Da die Luft in dem Bergwerk extrem staub- und keimfrei ist, konnte hier eine Asthma-Therapiestation eingerichtet werden.

Besuchsbergwerk Teufelsgrund
Mulden 71
79244 Münstertal (Mulden)
Tel.: (07636) 1450
Fax: (07636) 7872725
E-Mail:
besuchsbergwerk-teufelsgrund@gmx.de
www.besuchsbergwerk-teufelsgrund.de

Öffnungszeiten:
1. April bis 31. Oktober:
Dienstag, Donnerstag, Samstag: 10–16 Uhr
Sonn- & Feiertag: 13–16 Uhr
(16 Uhr letzte Führung)
Zusätzlich im Juli und August:
Mittwoch und Donnerstag 13–16 Uhr
(letzter Einlass jeweils 16 Uhr)
Anmeldung beim Besuchsbergwerk Teufelsgrund, Tel.: (07636) 1450

Auf einer Anhöhe im Münstertal liegt das ehemalige, um 900 errichtete **Benediktinerkloster St. Trudpert**. Zu Ehren des heiligen Trudpert, der im Schwarzwald missionierte, erbaute man die Kapelle des Klosters direkt auf seinem Grab. Das Kloster liegt mitten in einem mittelalterlichen Silberbergbau-Gebiet. Die Klostervogtei war nachweisbar seit Beginn des 13. Jahrhunderts bis zu deren Aussterben im Jahr 1602 in den Händen der Herren von Staufen. Sie waren ebenso wie das Kloster an dem florierenden Bergbau im Tal interessiert. Ihre strategisch günstig am Saumpfad ins Wiesental gelegene Burg Scharfenstein im oberen Münstertal wurde erstmals 1267 genannt. Unterhalb des Klosters befand sich die mittelalterliche Bergbaustadt Münster. Durch Verfälschung von Urkunden und durch geschicktes Ausnutzen der Geldverlegenheiten der Vögte konnte das Kloster die Grundherrschaft über das ganze Talgebiet an sich reißen, einschließlich des Eigentums an den ökonomisch einträchtigen Silberbergwerken. Durch die Bauernkriege und den Dreißigjährigen Krieg wurde das Kloster weitestgehend zerstört; um 1710 begann der Neuaufbau. Im Jahr 1806 fiel das Kloster an Baden, das es im Zuge der Säkularisation aufhob. Heute gehört das Kloster zur Gemeinde Münstertal im Schwarzwald und dient als Ordenshaus der Schwestern vom heiligen Josef.

Anstelle der heutigen Kirche stand bis 1450 ursprünglich eine romanische Basilika, deren Ostteil durch einen neuen, höheren gotischen Chor ersetzt wurde. Der neue barocke Wandpfeilerraum ersetzte das Langhaus der romanischen Basilika und schließt an den 1456 errichteten gotischen, 1709–1710 barock umgestalteten Chor an. Die nur teilweise erhaltenen Klostergebäude sind weitgehend ein Werk des Vorarlberger Baumeisters Peter Thumb (1738–1739 errichtet).

Öffnungszeiten:

Die barocke Pfarrkirche der Klosteranlage ist täglich außerhalb der Gottesdienste geöffnet.
Führungen für Gruppen auf Anfrage
Tel.: (07636) 707–40
E-Mail: touristinfo@muenstertal-staufen.de.
www.kloster-st-trudpert.de

Der Belchen ist mit 1414 m nach Feldberg, Seebuck und dem wenig höheren Herzogenhorn die vierthöchste Erhebung des Schwarzwaldes. Auf der Kuppe des Belchen (keltisch: der Strahlende) treffen sich die Gebietsgrenzen der Gemeinden Münstertal, Schönenberg und Kleines Wiesental. Rund 1000 Meter erhebt sich der Panoramaberg des Schwarzwalds über das Münstertal und das Wiesental. Der Berg weist ein markantes, von der Oberrheinebene her nahezu symmetrisches Profil mit einer baumfreien Bergkuppe auf. Im Westen erstrecken sich die tief liegende Rheinebene und Frankreich mit dem Elsass und den Vogesen, südlich davon schweift der Blick über den Schweizer Jura. Im Norden und Nordosten locken die Bergketten und zahllosen Schwarzwaldgipfel. Im Osten erheben sich die Höhenzüge des Schwarzwalds versus Vorarlberg. Im Süden liegt das Wiesental. Und bei klarer Sicht breitet sich die Kulisse der schneebedeckten Alpengipfel aus. Der Blick reicht über mehrere hundert Kilometer von der bayerischen Zugspitze bis zum Montblanc in den französischen Alpen.

Im Jahre 1866 wurde das erste Rasthaus unterhalb des Gipfels errichtet. 1899 war der Neubau fertiggestellt, der bis heute mehrfach erweitert und umgebaut wurde. 1904 wurde die Straße zum Belchen eingeweiht. Die Belchenstraße war die am höchsten hinaufführende öffentliche Straße der deutschen Mittelgebirge. Der oberste Abschnitt ist seit Eröffnung der Seilbahn im Dezember 2001 für den privaten Autoverkehr gesperrt.

Im Herzen des Naturparks Südschwarzwald bietet die subalpine Landschaft des Belchen eine artenreiche Flora und Fauna.

Das Belchenhaus an der Bergstation ist Ausgangspunkt für zahlreiche Wanderwege durch das Belchen-Naturschutzgebiet. Im Winter erschließt die Belchen-Seilbahn 4 Pisten mit bis zu 4,5 km Länge.

Belchen-Seilbahn GmbH & Co. KG
Belchen 1
79677 Schönenberg
Tel.: (07673) 888280
www.belchen-seilbahn.de

Betriebszeiten:
Täglich 9:15–17 Uhr (Juli–September bei schönem Wetter bis 18 Uhr)
Bei Skibetrieb schon ab 9 Uhr

Brauerei-Gasthof Lamm

Speidels Braumanufaktur

Hohenstein-Ödenwaldstetten auf der Schwäbischen Alb

Eine alte Familie erfindet sich neu – mit Bier!

Klar dreht sich hier in „Speidels Braumanufaktur“ alles ums Bier – und zwar seit 1763. Der Gebäudekomplex prägt mit seiner Silhouette aus Industriearchitektur, traditionellem Gasthaus und modernem Hotel das Dorf Ödenwaldstetten. Ein schwäbischer Familienbetrieb seit neun Generationen, der die Tradition rund um Land und eben Bier pflegt. Dabei sah es Ende der Siebzigerjahre gar nicht mehr danach aus: Die vielen kleinen Brauereien auf der Schwäbischen Alb mussten reihenweise schließen, auch die Familie Speidel braute 1977 vorerst zum letzten Mal.

Aber die drei Geschwister Speidel wollten all das wiederbeleben; 1993 eröffneten sie die Brauerei neu, mit neuen Bierspezialitäten – und trafen wohl den Nerv der Zeit. 2003 eröffneten sie sogar zur Brauerei und zum familieneigenen Gasthaus „Lamm“ ein brandneues Hotel. Modern, heute sagt man wohl „stylish“ geplant, aber mit viel gemütlichem Holz und originellen Details aus der alten Brauerei. Dieser lebhafte Mix aus Bier, Gasthaus und Hotel kommt inzwischen so gut an, dass Speidels Braumanufaktur sogar auf Platz 13 der 250 besten Tagungshotels in Deutschland gewählt wurde. In den Zimmern und auf den Gängen würde man nicht vermuten, dass man hier auf dem Land – und schon gar nicht auf der Schwäbischen Alb – gelandet ist; das könnte auch irgendwo in Skandinavien sein oder als coole Location in jeder Großstadt stehen.

Der Gasthof „Lamm“ wirkt dagegen nun wirklich traditionell und das ist auch ein Teil der Originalität von Speidels Braumanufaktur. In der Küche kocht Dieter Speidel – wie könnte es anders sein?! – mit Bier und anderen Produkten aus der Region. Das klingt und schmeckt köstlich bis, na ja, sagen wir mal wieder originell … Wenn die Brauerei ihre Bierseminare oder Degustationen mit achtgängigen Menüs veranstaltet, dann wird das Schweinefilet auch gerne in Malzschrot gewendet oder die Hausspezialität, Biersuppe,

200 JAHRE
SPEIDEL
Biere

„In den Zimmern und auf den Gängen würde man nicht vermuten, dass man hier auf dem Land – und schon gar nicht auf der Schwäbischen Alb – gelandet ist“

kommt auf den Tisch. Dazu verwendet der Koch martialisches Gerät! Über offener Flamme erhitzte Eisenstäbe werden in dunkles Bier getaucht, zischend karamellisiert dann das dunkle Gebräu und wird noch intensiver im Geschmack und im Aroma. In die daraus gekochte Suppe kommen dann noch Nocken aus einer Geflügel-Farce, die mit Brauerhopfen gewürzt wird. Selbstverständlich kommt diese Besonderheit in einem Bierkrug auf den Tisch, was ehrlich gesagt etwas seltsam aussieht – aber wer sagt denn, dass alles, was gut schmeckt, auch gut aussehen muss? Die Speidels legen übrigens großen Wert darauf, ein sogenannter „Biospärengastgeber“ zu sein. Alles ist umwelt- und benutzerfreundlich und auch barrierefrei gestaltet, und wer mit öffentlichen Verkehrsmitteln anreist, wird vorzugsweise mit einem Glas des hauseigenen Bieres begrüßt. Allerdings geben die Speidels ehrlich zu bedenken: „Da Hohenstein-Ödenwaldstetten sehr schlecht an das öffentliche Verkehrsnetz angeschlossen ist, geben Sie bitte bei der Deutschen Bahn ‚Großengstingen, Marktplatz, Engstingen‘ ein – von dort holen wir Sie gerne ab“. Na, wenn das kein Auftakt zu einem genussreichen Landurlaub ist?

Brauerei Gasthof Lamm GmbH
Wolfgang und Dieter Speidel
Im Dorf 5
72531 Hohenstein-Ödenwaldstetten
Tel.: (07387) 9890-0
E-Mail: info@speidels-brauereile.de
www.speidels-braumanufaktur.de

Öffnungszeiten (Restaurant):
Montag bis Samstag: 11:30–22:30 Uhr
Warme Küche: 11:30–14 und 18–21:30 Uhr
Sonntag und feiertags: 11.30–19:30 Uhr
durchgehend warme Küche

Ausflugs-Tipps

Über 500 Jahre Geschichte machen das **Haupt- und Landgestüt Marbach** zum ältesten deutschen Staatsgestüt. Von den württembergischen Herzögen zur Verbesserung der Landespferdezucht und der Beschickung des Marstalls gegründet, ist es heute als landeseigener Betrieb dem Ministerium für Ländlichen Raum und Verbraucherschutz Baden-Württemberg unterstellt. Die deutschen Haupt- und Landgestüte stammen aus der Zeit, als Pferde für Transport, Landwirtschaft und Militär unverzichtbar waren. Die großen Herrscher Europas förderten die Pferdezucht nach Kräften, denn die Qualität der Pferde entschied über Sieg oder Niederlage im Krieg, oft sogar über Leben und Tod. Zur Verbesserung der Landespferdezuchten gründeten die Landesherren Landgestüte, die den privaten Züchtern Hengste von guter Qualität zu moderaten Preisen anboten. Im Gegensatz zu diesen „Hengstdepots" verfügen die Hauptgestüte auch über eigene Stutenherden und Fohlenaufzucht mit dem Ziel, wiederum Hengste für die Landeszucht hervorzubringen.

Marbach hat heute einen Bestand von rund 380 eigenen Pferden. Neben den Rassen Warmblut, Schwarzwälder, Süddeutsches Kaltblut und Haflinger sind die Vollblutaraberpferde ein Anziehungspunkt. Es unterhält zwei Stutenherden. Während die Warmblutherde in erster Linie der Verbesserung der Sportpferdezucht und dem Erhalt seltener Blutlinien gilt, pflegt die Weil-Marbacher Vollblutaraberherde das Erbe König Wilhelms I., der 1817 die erste Araberzucht in Europa gründete.
Die Stuten und Fohlen werden artgerecht in Herden auf der Schwäbischen Alb gehalten. Sehenswert sind auch die historischen Gebäude. Seit 1929 besteht die Reit- und Fahrschule.

Zu den Höhepunkten des Gestüts zählen die Hengstparaden, die jährlich mehrere Tausend Besucher aus nah und fern anlocken. Aber auch das Vielseitigkeitsturnier oder die Pferdeauktionen sind gern besuchte Veranstaltungen des Haupt- und Landgestüts Marbach.

Haupt- und Landgestüt Marbach
Gestütshof 1
72532 Gomadingen
Tel.: (07385) 9695-0
E-Mail: poststelle@hul.bwl.de
www.gestuet-marbach.de

Öffnungszeiten & Führungen
Ganzjährig von Montag bis Sonntag 8–12 Uhr und 13–17 Uhr
ohne Führung; freier Eintritt

Naturerlebnispfad Hohenstein „Häuslesrain“ Meidelstetten

Der 3 km lange Rundweg führt über Wacholderheiden, Wiesen, Äcker und durch den Wald vorbei an den Erlebnisbereichen „Hören, Sehen, Fühlen und Riechen“ sowie an Stationen rund um die Natur (Blick in ein Bienenvolk, Holzartenquiz, Waldtelefon, Holzxylophon, Hutewald u. a.). Der Besucher erhält auf seiner Tour Informationen über die verschiedenen kulturhistorischen Landschaftsformen wie Hutewald, Schafweide und Triebwege sowie den Obstbau. Der Weg sollte nicht verlassen werden, da er teilweise durch das Naturschutzgebiet Bauenhofen / Häulesrain führt.
An den insgesamt 16 Erlebnisstationen können die Besucher durch eigenes Tun die Natur mit ihren ökologischen Funktionsabläufen erleben.
Eine Grill- und Feuerstelle ist auf der Strecke vorhanden, der Rundweg ist nicht für Kinderwägen geeignet.

Ausgangspunkt:
Parkplatz Ortsausgang Meidelstetten Richtung Haid.

Öffnungszeiten:
ganzjährig zugänglich
Führungen für Gruppen mit dem Revierförster – Tel: (07387) 985909 – sind auf Anfrage möglich.

Gemeinde Hohenstein
Im Dorf 14
72531 Hohenstein
Tel.: (07387) 9870-0

Das Gasthaus Loewenthor und Hotel Hahn

Gondelsheim im Kraichgau

Eine 300 Jahre alte „Autobahnraststätte“ zwischen Bier und Champagner

Heute wäre das Gasthaus Loewenthor wohl eine Art Autobahnraststätte, wenn, ja, wenn sie an einer Autobahn läge. Tut sie aber nicht – und das ist ein Glück! Vor über dreihundert Jahren schon war die Lage nämlich goldrichtig: 1701 an der „Thurn und Taxis Strecke“ Mechelen–Wien gebaut, war das Gasthaus ein florierender Kutschenhalt, der spätestens Mitte des 18. Jahrhunderts zur Institution wurde. Man konnte hier zur Rast einkehren, auch mal ein Rad wechseln und ausgeruhte Pferde einspannen lassen oder über die Nacht eine Kammer beziehen. Die Kutscherstube, einst einzig der Bewirtung von Fuhrleuten vorbehalten, könnte heute noch immer ihrem Zweck dienen. Vom Tisch aus konnten die Kutscher, erhöht sitzend, durchs Fenster Pferde und Fuhrwerke im Auge behalten.

Die zweiläufige Treppe an der Frontseite des markanten Gasthauses aus Bruchstein und Fachwerk diente ausschließlich dem Zugang der ortsansässigen Bevölkerung und Wirtshausbesuchern aus der näheren Umgebung.

Was Besucher von außen schon erwarten, wird im Innern des Loewenthors noch vielfach übertroffen! Ein Gang durch die verschiedenen Gasträume ist hier immer auch ein Gang durch die Geschichte – vom gotischen Rathausgestühl, das der Hausherr, Albert Müller, in seiner eigenen Werkstatt vier Jahre lang hat nachschnitzen lassen, über einen barocken Speiseraum des 17. Jahrhunderts, bis zum Champagnersaal des 18. Jahrhunderts und weiter in die Neuzeit ist

„Wer zum ersten Mal ins Loewenthor kommt, der muss einfach durch alle Zimmer wandern und zumindest versuchen, sich satt zu sehen"

Gasthaus Loewenthor & Hotel Hahn
Bruchsaler Straße 4
75053 Gondelsheim
Tel.: (07252) 6676
E-Mail: info@loewenthor.de
www.loewenthor.de

Öffnungszeiten:
Das Loewenthor hat keinen Ruhetag und ist täglich von 11 bis 24 Uhr geöffnet.

fast alles vertreten. Albert Müller hat die verfallenen Gebäude des Gasthauses seit 1986 mühevoll wieder aufgebaut. Er ist ein Sammler und Macher mit der Liebe zum Detail – und die geht eben bis zu den über die Jahrhunderte ausgetretenen Treppenstufen. Wer zum ersten Mal ins Loewenthor kommt, der muss einfach durch alle Zimmer wandern und zumindest versuchen, sich satt zu sehen.

Die Spezialität im Gasthaus ist übrigens in der Flasche vergorenes Edelbier. Überall stehen die Champagnerflaschen, gefüllt mit allem, was man sich als Bierfreund vorstellen kann – und vielem, was man nie geahnt hätte, von ganz hell bis fast schwarz. Vielversprechende Namen, wie Kriek Supérieure (mit Herzkirschen), Belle Lambic (mit Herbstfrüchten), Droogekeel (etwas hopfiger) und Mephisto (des Königs Lieblingsbier – bernsteinfarben und

hopfenkantig), lesen sich schon fast wie eine Speisekarte. Die passt sich übrigens der Geschichte des Hauses an und bietet auch gerne mal deftig Rustikales wie beispielsweise den Kutscherteller. Was nicht heißt, dass hier nicht auch Blinis mit Wachtelei

und Forellenkaviar oder Jungbullenrücken im Tramezzinimantel an Entenlebersoße zubereitet werden – man hat schließlich Chauffeure und Chauffierte zu bewirten.
2003 ergab sich für den Hausherrn ein Glücksfall, als schräg über die Straße vorm Loewenthor der alte Kindergarten von Gondelsheim frei wurde – eine Jugendstilvilla von 1912. So spannte sich dann der historische Bogen weiter und zum Gasthaus Loewenthor kam schließlich das Hotel Hahn dazu, mit modern eingerichteten Zimmern und Suiten – alle wunderbar hell, denn oft tritt von zwei Seiten das Tageslicht durch die vielen Fenster. Albert Müllers „Sammlung“ konnte also wieder mal, zum Wohl der Gäste, erfreulich erweitert werden.

Ausflugs-Tipps

Das **Schloss Bruchsal** ist das einzige fürstbischöfliche Barockschloss am Oberrhein. Damian Hugo von Schönborn, Fürstbischof von Speyer, hat Bruchsal als Ort für seine neue Residenz gewählt. Er baute die 1689 im Pfälzischen Erbfolgekrieg zerstörte Speyrer Residenz nicht mehr auf, sondern entschied sich für einen repräsentativen Neubau nach dem Vorbild von Versailles. 1720 wurde mit dem Bau begonnen, den in der Folgezeit vier der Fürstbischöfe von Speyer im 18. Jahrhundert bauten, bewohnten und es für rund 80 Jahre zum Zentrum ihrer Herrschaft machten.
Berühmt ist es insbesondere durch das Treppenhaus von Baumeister Balthasar Neumann (1687–1753). Die Eingangshalle bildet mit ihren hellen, illusionistischen Malereien das Entrée des Schlosses. Das Deckenfresko zeigt den Sieg der sieben Kardinaltugenden über die Laster. Damian Hugo von Schönborn ließ es 1726 – abweichend von der ursprünglichen Planung – einbauen und machte damit eine Neukonzeption des Treppenhauses notwendig. Die ursprünglichen Pläne von 1725 sahen im Hauptgebäude ein Erdgeschoss, eine Beletage als Hauptgeschoss und ein niedrigeres zweites Obergeschoss vor. Doch war Schönborn der Ansicht, dass diese nicht für seine Angestellten und seine Garderoberäume ausreichten. 1726 ordnete er daher – während der Abwesenheit des Architekten! – an, beidseitig des Treppenhauses zwischen Erdgeschoss und Beletage noch ein Zwischengeschoss einzufügen. Dadurch entstand eine schwierige Ausgangslage, denn auf ovalem Grundriss führten zwei Treppenläufe empor und gaben den Blick nach unten in die „Grotte" im Erdgeschoss frei. Die Treppe reichte in der geplanten Form nicht mehr bis zur Beletage hinauf, sie musste jetzt eine größere Höhe überwinden. Links und rechts des Treppenhauses baute man weiter, einschließlich des Dienergeschosses. Dazwischen blieb mehrere Jahre das von Schönborn sogenannte „Loch in der Mitten". Balthasar Neumann übernahm ab 1728 die oberste Bauleitung in Bruchsal und entwickelte 1731 den Entwurf für das Treppenhaus weiter zu einer der packendsten Raumschöpfungen des deutschen Barock. Durch Veränderung des leicht ovalen Grundrisses konnte Neumann die Länge der beiden Treppenläufe und damit die erreichbare Raumhöhe vergrößern.
Die Ausstattung der Beletage, 1751 bis 1754 unter Fürstbischof Franz Christoph von Hutten entstanden, gilt als ein Gesamtkunstwerk im Stil des Rokoko. Im Marmorsaal, dem festlichsten Raum des Schlosses, kommt der Stil des Rokoko mit Bauelementen wie Säulen, feingliedrigem Stuck, Marmor und Gold deutlich zum Ausdruck.
Das Schloss wurde am 1. März 1945 in den letzten Tagen des Zweiten Weltkriegs bei Luftangriffen getroffen und brannte aus. Allerdings hat die Bausubstanz des Treppenhauses die Zerstörungen weitgehend überstanden. Kuppel

und Mittelbau (Corps de Logis), die beim Bombenangriff ebenfalls zerstört worden waren, wurden nach längeren Debatten wiederaufgebaut. Sehenswert sind ebenfalls der teils noch im 18. Jahrhundert im geometrischen Stil des Barock angelegte Garten, die zahlreichen erhaltenen Nebengebäude und das Musikautomatenmuseum mit einer Sammlung selbstspielender Instrumente sowie das Städtische Museum Bruchsal.

Schloss Bruchsal
Schlossraum 4
76646 Bruchsal
Tel.: (07251) 742661
Fax: (07251) 742664
E-Mail: info@schloss-bruchsal.de
www.schloss-bruchsal.de

Parken
In Laufentfernung sind 80 öffentliche, kostenpflichtige Parkplätze für PKWs und vier öffentliche, kostenlose Parkplätze für Reisebusse bzw. Wohnmobile vorhanden.

Öffnungszeiten:
Dienstag bis Sonntag und Feiertag 10–17 Uhr
Montag nur an Feiertagen
24., 25. und 31. Dezember geschlossen
1. Januar 13–17 Uhr
6. Januar 10–17 Uhr

Fauststadt Knittlingen

Seit 1980 ist das Faust-Museum im ehemaligen Rathaus, einem Fachwerkhaus aus dem 18. Jahrhundert, untergebracht. Zu sehen sind Quellen zur historischen Person des Faust, der um 1480 in Knittlingen geboren wurde, Volksbücher und Puppenspiele sowie unterschiedliche Interpretationen in der Literatur von Johann Wolfgang von Goethe bis ins 21. Jahrhundert hinein. Ebenso sind in der ständigen Ausstellung weitere Bereiche der Faust-Tradition in der Musik, im Theater oder Film vertreten.

Georg Johann Faust wurde um 1480 in Knittlingen geboren. Über sein Leben ist wenig bekannt, ausschließlich in neun Quellen findet man Belege zu seinen Aufenthaltsorten. So war er 1507 Schulleiter in Bad Kreuznach, in Erfurt hielt er sich 1513 auf, sieben Jahre später 1520 stellte er dem Bischof von Bamberg ein Horoskop vor und war 1523 in der Nähe von Eichstätt nachweisbar. Aus Urkunden geht hervor, dass Georg Johann Faust 1528 aus der Stadt Ingoldstadt ausgewiesen wurde und sogar 1532 in Nürnberg nicht eingelassen wurde. Auch die Gründe, wie und wann er gestorben ist, sind unklar. Vermutlich starb er um 1540 in Staufen im Breisgau; angeblich wurde er „vom Teufel geholt".

In einem Brief von 1507 beschrieb Abt Johannes Trithemius Faust als Gaukler, Scharlatan, Prahler, Herumtreiber und Schwindler. Festzuhalten ist, dass er Astrologe, Magier, Chiromant, Aeromant, Pyromant und Zweiter in der Hydromantie gewesen ist. Durch diese Beurteilung vonseiten des Abtes Trithemius, der selbst Magier war und deshalb in Faust einen ernst zu nehmenden Konkurrenten sah, wurde in der Folgezeit die Meinung der Menschen über die Person Faust geprägt.

Aus Dokumenten wird ersichtlich, dass einflussreiche Zeitgenossen wie Franz von Sickingen und der Bischof von Bamberg zu seinen Auftraggebern zählten. So ist festzuhalten, dass Faust ein seriöser Wissenschaftler war, seiner Zeit weit voraus, der sich mit Astrologie, Astronomie und Alchemie beschäftigte. Um den Menschen Faust zu verstehen, muss man ihn im Kontext seiner Zeit sehen. Er lebte in einer Umbruchphase, das heißt in der Zeit der Reformation, der Inquisition und des Übergangs vom Spätmittelalter in die Neuzeit. Einerseits waren die Menschen noch der mittelalterlichen Lebensweise verhaftet, andererseits war dies das Zeitalter der Renaissance, der

Wissenschaften und der Entdeckungen. Der historische Faust starb wohl im Rahmen eines missglückten alchemistischen Experimentes.
So konnte er nach Meinung seiner Zeitgenossen als Alchemist, der im Geheimen experimentierte, nur mit dem Teufel im Bunde stehen. Bereits zu Lebzeiten setzte die Legendenbildung ein und verstärkte sich nach seinem mysteriösen Tod in Staufen im Breisgau um 1540. Bald schon hielt der historische Faust Einzug in die Welt der Dichtung; das berühmteste Beispiel ist Johann Wolfgang von Goethes *Faust. Eine Tragödie* (erster Teil 1808, zweiter Teil 1832).

Faust-Museum
Kirchplatz 2
75438 Knittlingen
Tel.: (07043) 9506922 und (07043) 951610
www.knittlingen.de

Öffnungszeiten
Montag: geschlossen
Dienstag bis Freitag: 9:30–12 Uhr und 13:30–17 Uhr
Samstag, Sonntag und an Feiertagen: 10–18 Uhr

Wohlfahrts

Das Waldhotel Wohlfahrtsmühle

Hardheim (Neckar-Odenwald)

Das „Konzept Landhotel" in Reinform

Eigentlich liegt dieses Haus ja in Hardheim und damit in Baden, aber Armin und Sabine Münster, die Besitzer dieses fast schon „sortenreinen" Landhotels, nehmen das nicht so genau. Ihr Weinkeller füllt sich auch gerne mit den typischen Bocksbeuteln des gerade um die Ecke gelegenen Anbaugebietes Franken. Vielleicht ist „sortenrein" nicht ganz der passende Begriff, aber im Zusammenhang mit Wein sei er hier erlaubt. Das Waldhotel „Wohlfahrtsmühle" zelebriert das „Konzept Landhotel" in geradezu vorbildlicher Weise. Hier will man gar nichts Städtisches, schielt nicht auf Designermöbel noch gibt man sich auch nur den Anstrich von Modernität. In den Zimmern und im ganzen Haus ist „ländlich" das Zauberwort. Eichen-, Fichten- und Kiefernholz an den Wänden, warme, natürliche Farben, altes, schmuckvolles Geschirr, Gemütlichkeit, wohin das Auge blickt. Wer hierher kommt, der will das Landleben und der bekommt es auch.

Die alte Wassermühle, mitten im Wald, direkt am Flüsschen Erfa, war bis 1968 in Betrieb. Seit fast 50 Jahren herrscht hier jetzt aber absolute Ruhe und Idylle für Erholung suchende Hotelgäste. Im Sommer

auch gerne draußen im riesigen Garten, am Naturteich, der sich – vorausgesetzt man hat nichts gegen Wasserpflanzen – hervorragend zum Baden eignet. Und die Forellen aus eigener Zucht schmecken direkt am Wasser noch mal so gut. Ein anderes kulinarisches Standbein oder, damit wir mal von den hinkenden Vergleichen wegkommen, eine andere kulinarische Wildschweinkeule ist – vor allem im Herbst und Winter – das Wild. Armin Münster, der Küchenchef, ist auch Jäger und bereitet seine Wildspezialitäten nur aus Selbsterlegtem aus dem Odenwald zu. Zum Beispiel einen Rehrücken mit Kräutern auf Erfataler Heu. In der Mühlenstube, im Jagdsaal und in der Forellenstube setzen die Münsters unterschiedliche kulinarische Schwerpunkte, wobei im Jagdsaal die edle Küche dominiert, in der Forellenstube … ja klar, aber dort wird eben auch der umfangreiche Weinkeller präsentiert und in der Mühlenstube kommen die ein-

„Gemütlichkeit, wohin das Auge blickt. Wer hierher kommt, der will das Landleben und der bekommt es auch“

facheren, regionalen Gerichte auf den Tisch. Überhaupt: Regionalität, darum geht es im Waldhotel „Wohlfahrtsmühle“, denn wer auf dem Land lebt und arbeitet, der muss nicht viel Schnickschnack importieren, der lebt und arbeitet mit dem, was er vorfindet, so auch der Meisterkoch Armin Münster, der seine Handwerkskunst beim 3-Sterne-Koch Dieter Müller in den berühmten „Schweizer Stuben“ gelernt hat – jahrelang eines der besten Restaurants in Deutschland!

Die Patronin, Sabine Münster, hat ihre eigene Spezialität: Torten und Kuchen, alle selbstgemacht und längst kein Geheimtipp in der „Wohlfahrtsmühle“ mehr. Und dass bei all dieser Qualität ausgerechnet dieses Haus immer wieder durch sein ausgezeichnetes Preis-Leistungs-Verhältnis auffällt, sollte hier nicht unerwähnt bleiben: Die Einzelzimmer sind ab 54 EUR, die Doppelzimmer ab 85 EUR zu bekommen – mit Frühstück versteht sich!

Wohlfahrtsmühle
Waldhotel & Restaurant
Wohlfahrtsmühle 1
74736 Hardheim
Tel.: (06283) 2222-0
E-Mail: email@wohlfahrtsmuehle.com
www.wohlfahrtsmuehle.com

Öffnungszeiten:
Das Hotel ist ganzjährig geöffnet, das Restaurant täglich außer Montag und Dienstag

Ausflugs-Tipps

Hardheimer Mühlenweg

Seit dem 12. Jahrhundert hat es im oberen Erfatal bis zu 17 Mühlen gegeben. Heute sind noch 11 Mühlen, bzw. Reste von ihnen zu sehen und ein Wanderweg entlang der ruhig dahinfließenden Erfa verbindet sie miteinander.

Die **Lindenmühle**, ca. 4 km vom Ortsrand Hardheims entfernt in Richtung Miltenberg, ist wahrscheinlich die älteste der Hardheimer Mühlen. Neben einem Mühlstein erinnern nur noch wenige Spuren an die ehemalige Mühlenanlage. Der Mühlkanal, Stauwehr, Mühlstein, Mühlrad, Fischkultur sind noch heute Zeugen des ehemaligen Mühlenbetriebes. Die **Ölmühle** etwas unterhalb von Hardheim an der Erfa hat wahrscheinlich zu Anfang des 19. Jahrhunderts ihren Betrieb aufgenommen. Die **Steinemühle** ist die letzte von einst zehn Getreidemühlen im oberen Erftal, die bis heute Mehl produziert. Seit 1686 ist sie ununterbrochen im Besitz der Familie Müller. Die **Mittelmühle** in Hardheim wird bereits 1407 in einer Stiftungsurkunde erwähnt und zählt wie die Gärtners- und Steinemühle zu den ältesten Mühlen Hardheims. Die **Gärtnersmühle** in Hardheim wird 1482 zum ersten Mal erwähnt. Die **Volksmühle** und die Gärtnersmühle stellen eine baulich-konzeptionelle Besonderheit dar: Zwei Mühlen nutzen mit drei oberschlächtigen Wasserrädern den gleichen Mühlkanal. 1781 erfolgte der Anbau an die Gärtnersmühle durch Alban Gärtner, den damaligen Besitzer der Gärtnersmühle. Bis Mitte des 19. Jahrhunderts gehörte sie und die Gärtnersmühle verschiedenen Zweigen der Gärtnersfamilie und verfügte damals über ein Wasserrad, zwei Mahlgänge, einen Schälgang, einen Schrotgang und einen Gerbgang.1860 erwarb Michael

Franz Volk die Mühle, die im Besitz der Familie blieb und die Bezeichnung Volksmühle erhielt. Die Nachfahren, die Familie Ebert, haben diese Mühle von 1990 bis 1996 als Kundenmühle weitergeführt. Die **Ölmühle** in Bretzingen gibt es seit 1803. Als 1964 der Mühlkanal zugeschüttet wurde, erhielt auch das Wasserrad einen anderen Platz. Am Wohnhaus erinnert es noch an den früheren Mühlenbetrieb. Die **Untere Mühle** in Bretzingen wird 1651 im Schatzungsprotokoll des Amtes Hardheim als „undere Mühl" erwähnt. Die Mühle wurde 1948 umgebaut und der Betrieb im Verlauf des Mühlensterbens stillgelegt. Nur ein Mahlstein vor dem Haus erinnert noch an die ehemalige Mühle. Die **Mittelmühle** oder „Hollerbach-Mühle" in Bretzingen geht vermutlich auf das 12. Jahrhundert zurück. 1960 wurden die Mahlanlagen ausgeräumt, das Mahlrecht wurde aufgegeben und heute dienen die Gebäude als Lagerraum. Die **Obere Mühle** wurde unter dem Druck der Großmühlen nach 1970 stillgelegt und 1983/84 abgerissen. Die in einen Stein gehauene Jahreszahl 1751 lässt auf einen Umbau in diesem Jahr schließen. Die Erfeldermühle, genannt **Beichertsmühle** lässt sich auf dem Gewann „Madacker" in Erfeld seit 1357 nachweisen. In Betrieb war die Mühle bis 1973. Der Besitzer Josef Beichert hat die Einrichtung der Mühlanlage vollständig erhalten.

Gemeinde Hardheim
Schloßplatz 6
74736 Hardheim
Postfach 1209
Tel.: (06283) 58-0
E-Mail: rathaus@hardheim.de
www.hardheim.de

Ausflugs-Tipps

Tauberbischofsheim

Die historische Altstadt schmückt sich mit zahlreichen fränkischen Fachwerkgebäuden. Ausgangspunkt ist das **neugotische Rathaus** am Marktplatz, 1865 erbaut.
Das Gebäude **Alte Post** besticht mit seinen vielen Fachwerkeinzelheiten. Aus zwei kleinen Häusern wurde 1602 durch Aufsetzung eines Giebels ein großes Fachwerkhaus geschaffen.
Die **Stern-Apotheke** und das **De-la-Roche-Haus** mit „Zungenblecker" und weiteren Fratzenköpfen als Zierkragsteinen am Marktplatz sind beide Rekonstruktionen nach alten Bildern.
Die **Liobakirche** an der gegenüberliegenden Seite des Marktplatzes war die Klosterkirche des 1823 aufgelösten Franziskanerklosters, im sogenannten Klosterhof mit drei Gebäuden ist heute ein Teil der Stadtverwaltung unterbracht.
Der Weg führt dann in die untere Fußgängerzone, vorbei am **Mackert-Haus**, das 1744 als Barockpalais erbaut wurde.
Das **Liebler-Haus** ist eines der schönsten Fachwerkhäuser, dargestellt sind Melusinen, Wasserjungfern und Wassermänner. Zurück führt der Weg zwischen dem Mackert-Haus und der Liobakirche in die Klostergasse, vorbei am ehemaligen Armen-Spital und weiter durch den Klos-

tergarten zum Fischgässchen. Auch hier finden sich Fachwerkhäuser, Ackerbürgerhäuser und Häuser, die durch den Platzmangel in der Stadt eigenartige Formen erhielten. Durch die Stadtmauer beengt, waren für diese kleinen Häuser andere Formen nicht möglich. Der Weg führt nun weiter am Mühlkanal entlang zu Resten der alten Stadtmauer mit dem **Hungerturm**. Von der Rückseite her gelangt man am Krötenbrunnen vorbei zum **Kurmainzischen Schloss**. Der **Türmersturm** aus dem 13. und 15. Jahrhundert ist das Wahrzeichen der Stadt, die östlichen Wirtschaftsgebäude aus dem 15./16. Jahrhundert sind Bestandteile der früheren Wasserburg. Im **Kurmainzischen Schloss** ist heute das Tauberfränkische Landschaftsmuseum untergebracht. Vom Schlosshof aus erkennt man vis-à-vis die **Stadtkirche St. Martin**, erbaut von 1910 bis 1914. Sie beherbergt mehrere Schnitzarbeiten von Thomas Buscher sowie Kunstwerke aus den Vorgängerkirchen. Ältestes Bauwerk in Tauberbischofsheim ist die **Peterskapelle**, um 1250 im Stil der Romanik entstanden.

Stadt Tauberbischofsheim
Marktplatz 8
97941 Tauberbischofsheim
Tel.: (09341) 803-0
Fax (09341) 803-89
E-Mail: info@tauberbischofsheim.de
www.tauberbischofsheim.de

HOTEL

Jordan's Untermühle

Köngernheim in Rheinhessen

Allein auf weiter Flur und doch ganz nah

Rheinhessen ist das größte Weinanbaugebiet Deutschlands. Sanft geschwungene Hügel, offene Blicke in die Weite, es wirkt ein bisschen so, als hätte der liebe Gott seine Spielzeugeisenbahn aufgebaut. Mittendrin der kleine Weinort Köngernheim und daneben, eingebettet zwischen Feldern und ganz allein auf weiter Flur, liegt „Jordan's Untermühle".
Umgeben von schmalen, steil aufragenden Pappeln erinnert der Anblick schon sehr an die Toskana – und das liegt nicht nur am Wein und am Essen, Dinge, die hier eine große Rolle spielen.
Die alte Mühle gibt es wohl schon seit dem 14. Jahrhundert, früher wurde das Wasser vom nahegelegenen Flüsschen Selz hierher umgeleitet, aber nicht immer, nur wenn man mahlen wollte – schonender Umgang mit der Natur schon damals. Seit den 1970er-Jahren erst wird das Haus gastronomisch genutzt, zuerst als kleine Weinstube, dann, in den 80ern, als Hotelrestaurant. Schon damals zählte die Untermühle zu den besten Adressen in Rheinhessen und hatte, bedingt durch die nahe Landeshauptstadt Mainz, viele Gäste aus Politik und Wirtschaft. 2005 hat dann die Familie Jordan das Anwesen gekauft und mit neuem Konzept zu dem Schmuckstück gemacht, das es heute ist: Bruchstein, Fachwerk, Kopfsteinpflaster, ein sehens- und sitzenswerter Innenhof, ein parkähnlicher Garten: So stellt man sich ein Landhotel vor – nicht inmitten enger Straßen, sondern in Alleinlage.

WEIN

„So stellt man sich ein Landhotel vor – nicht inmitten enger Straßen, sondern in Alleinlage"

Die Jordans legen großen Wert auf ihre Küche, deshalb gibt es auch gleich drei verschiedene Restauranttypen in der Untermühle: ein Gourmetrestaurant, eine Vinothek mit großer Weinauswahl und ländlicher Küche und die rustikale Mühlenstube mit einfachen Gerichten. Es gibt natürlich – wie auch anders in diesem riesigen Weinbaugebiet – regelmäßig Weinproben, aber auch rechte Seltsamkeiten, wie das Dinner Drumming. Dazu kommen tatsächlich die Schlagzeuger ins Haus, bauen ihr Instrumentarium auf, schmücken den Tisch an jedem Platz mit „Perkussionsbesteck" und los geht's – Essen mit Musik und Musik mit, nein, nicht mit dem Essen, aber mit dem Essbesteck zum Beispiel.
Ähnlich abwechslungsreich wie in den Restaurants hält es die Familie Jordan mit ihren insgesamt 30 Zimmern: Es gibt eher traditionelle Landhaus-Zimmer, moderne Studio-Zimmer, Traum-Zimmer und sogar ein Wellness-Zimmer mit eigener Sauna. Überall warme, freundliche Farben und Baustoffe, manchmal kann man vom Bett aus direkt in die Badewanne steigen, manchmal ist genau der Bereich fast ironisch schamhaft hinter schweren Fachwerkwänden versteckt. Wohnlich, gemütlich fast bis zum Gehtnichtmehr und immer mit Blick in das Selztal.
Die Selz, die früher das Wasserrad der Untermühle antrieb, ist heute übrigens so etwas wie ein kleines Mekka für Ballonfahrer, da verwundert es nicht, wenn an klaren, ruhigen Tagen die Heißluftgiganten am rheinhessischen Himmel über Jordan's Untermühle schweben. Und wer will, dem organisieren die Jordans auch gerne das unvergessliche Erlebnis einer Mitfahrt – vielleicht aus Anlass ihrer Hochzeit? Denn ein eigenes Standesamt hat dieses Landhotel auch noch zu bieten.

Info

Jordan's Untermühle Köngernheim
Außerhalb 1
55278 Köngernheim
Tel.: (06737) 71000
E-Mail: info@jordans-untermuehle.de
www.jordans-untermuehle.de

Öffnungszeiten:
Hotel und Restaurant ganzjährig geöffnet,
Ruhetage gibt es nicht.
Küche täglich ab 11 Uhr geöffnet.

Ausflugs-Tipps

Mainz

Die historische Mainzer Altstadt erstreckt sich vom Dom bis zum Südbahnhof. Die kunstvoll restaurierten Häuserfassaden und die Barockkirchen zeugen von der reichen Mainzer Stadtgeschichte. Flaniermeile ist die Augustinerstraße, die bis ins 17. Jahrhundert hinein Hauptgeschäftsstraße der Stadt war. Heute finden sich hier kleine Geschäfte und Boutiquen, Cafés, Pubs, Restaurants und Weinhäuser.

Der von Fachwerkhäusern und dem Marienbrunnen umrahmte **Kirschgarten** ist einer der sehr idyllischen Plätze in Mainz. Der Name stammt von der Kirschbornquelle, die am Rochushospital (Rochusstraße 9) entspringt. Zu den Sehenswürdigkeiten in Mainz zählen die Kirchen, zum Beispiel der romanische **Dom Sankt Martin**, die gotische Hallenkirche **Sankt Stephan** mit den berühmten Chagall-Fenstern oder die Renaissance-Kuppel der **Christuskirche**. Für den Dom **St. Martin** wurde 975 der Grundstein gelegt. Der Ostchor mit seinen dicken Mauern ist der älteste Teil des Doms. Im 19. Jahrhundert fand man unter dem Ostchor eine Krypta, gebaut im Stil des 11. Jahrhunderts. Der spätromanische Westchor entstand zwischen 1200 und 1239. Sein Vierungsturm erhielt im 15. Jahrhundert eine gotische Glockenstube.

Öffnungszeiten Dom St. Martin

1. März bis 31. Oktober
Montag bis Freitag: 9–18.30 Uhr
Samstag: 9–16 Uhr
Sonntag: 12:45–15 Uhr und 16–18:30 Uhr
1. November bis 28. Februar
Montag bis Freitag: 9–17 Uhr
Samstag: 9–16 Uhr
Sonntag: 12:45–15 und 16–17 Uhr

Der gotische Bau von St. Stephan wurde zwischen 1290 und 1335 errichtet. Er steht auf den Fundamenten der im ottonisch-vorromanischen Stil um 990 erbauten Basilika. St. Stephan ist die einzige deutsche Kirche, für die der jüdische Künstler Marc Chagall (1887–1985) Fenster schuf. Pfarrer Klaus Mayer stellte 1973 den Kontakt zu Chagall her und 1978 wurde das erste Chagall-Fenster des damals 91-jährigen Künstlers eingesetzt. Es folgten weitere acht, davon sechs für den Ostchor und drei im Querhaus.

Öffnungszeiten St. Stephan
November bis Februar
Montag bis Samstag: 10–16:30 Uhr
Sonntag 12–16:30 Uhr
März bis Oktober
Montag bis Samstag: 10–17 Uhr
Sonntag 12–17 Uhr

Die Christuskirche mit ihrer 80 Meter hohen Kuppel, die an die von St. Peter in Rom erinnert, stellt ein repräsentatives Gegengewicht zum Dom dar und ragt aus dem Ensemble der Kirchtürme in der Innenstadt heraus. Die Geschichte ist eng mit der der Mainzer Protestanten verbunden, die mit diesem Haus ein Zeichen ihres Selbstbewussteins setzten. Als die Christuskirche 1903 nach siebenjähriger Bauzeit eingeweiht wurde, hatte die Stadt ein neues Wahrzeichen hinzugewonnen. 1945 schwer beschädigt, begann 1952 der Wiederaufbau. Heute finden hier nicht nur Gottesdienste statt, sondern auch Veranstaltungen, Ausstellungen und Konzerte.

Öffnungszeiten: unregelmäßig geöffnet

St. Johannis ist eine der wenigen Basiliken aus karolingischer Zeit mit noch vorhandenem Mauerwerk. Im 14. Jahrhundert wurde sie um einen gotischen Westchor erweitert. Seit 1828 ist die Kirche, die zuvor von den Stiften St. Johannis und St. Viktor genutzt wurde, evangelisch.

Öffnungzeiten St. Johannis
Samstag 11–15 Uhr
Sonntag 11–12 Uhr
Ecke Schöffer-/Johannisstraße

Das jüdische Mainz

Die frühesten gesicherten Spuren jüdischen Lebens in Mainz lassen sich bis in das 10. Jahrhundert zurückverfolgen. Sie legen Zeugnis von einer blühenden jüdischen Gemeinde ab, die als eine der ältesten in Deutschland gilt. Berühmtheit erlangte die jüdische Gemeinde in Mainz durch das Wirken ihrer Gelehrten. Auch heute erinnern noch mittelalterliche Gedenksteine auf dem alten jüdischen Friedhof an diese Persönlichkeiten.
Das Wohngebiet der Juden schloss sich in nordwestlicher Richtung direkt an das Handelsviertel zwischen Fischtor und Karmeliterkirche an und war Anfang des Mittelalters noch nicht isoliert von den Christen. Vielmehr lebten Juden und Christen in unmittelbarer Nachbarschaft und in der Nähe von Klöstern und Kirchen zusammen, von der eine, die Kapelle St. Maria am Flachsmarkt, den Beinamen „inter judeos“ (inmitten der Juden) trug.

Goldoregano

Hotel Kloster Hornbach

Hornbach in der Westpfalz

Einkehr ohne Reue

Wohnen wie die Heiligen – na ja, wenn man die Mönchszellen aus der Zeit des Klostergründers, des hl. Pirminius, aus dem Jahr 741 als Maßstab nimmt, dann würden Übernachtungsgäste wohl eher einen großen Bogen um das Hotel Kloster Hornbach machen. Heute sieht das hier selbst in der Kategorie „Mönchszelle" schon ganz anders aus. Diese Zimmer sind zwar bewusst einfach gehalten, entsprechen aber immer noch dem Niveau, das man heute von guten Hotels auch auf dem Land erwartet. Diese „Mönchszelle" ist aber nur eine Möglichkeit, hier zu übernachten; es gibt Themenzimmer, deren Ausstattung vom afrikanischen Ethno-Look bis zur amerikanischen Glaubensgemeinschaft der Shaker geht, deren klarer, funktionaler Gestaltungswille noch heute Designer in aller Welt begeistert. Dass der Shaker-Stil ins Kloster passt, wie der Deckel zum Topf, versteht sich von selbst.

Das Kloster Hornbach ist der älteste Sakralbau der Pfalz – und das will schon was heißen im Land des Speyrer Doms! Gegründet wurde es im historischen Ort Gamundias (eine alte Siedlung der Kelten und später der Römer) als Benediktinerabtei vom hl. Pirminius, dem Patron der Pfalz, des Elsass, der Insel Reichenau und dem Stadtpatron von Innsbruck. Im Zuge der Reformation wurden die

Gebeine des Heiligen nach Innsbruck gebracht, heute sind einige Reliquien Pirminius' wieder im Kloster Hornbach zu sehen.
Ein Hotel im Kloster, das ist vielleicht nicht einzigartig, aber so wie hier in Hornbach ist es das dann doch wieder: Inmitten von Sichtmauerwerk, Kreuzgängen und gotischen Spitzbogenfenstern klotzt die Besitzerfamilie Lösch auf das Angenehmste mit moderner, wohnlicher Möblierung. Überall Farben, Licht und Details vor mittelalterlichen Mauerwänden aus Bruchstein, Säulen und gebrannten Ziegeln. Im Restaurant „Refugium" und der Klosterschenke erinnern die mit Kordeln gehaltenen Schürzen an die mönchische Vergangenheit des Hauses.
Der Clou aber ist das „Lösch für Freunde", ein Shootingstar unter den Hotelkonzepten, das kurz nach seiner Eröffnung 2011 von der Zeitschrift „GEO Saison" mit dem 1. Preis als Newcomer in Europa ausgezeichnet worden ist. Das „Lösch für Freunde"

will ein neues Hotel sein, das Menschen zusammenbringt, eines ohne Hotelschild, nur mit einer Klingel an der Haustür – eben wie bei Freunden. Mitten in der Nacht kann man unterm Sternenhimmel baden, sich einfach am Kühlschrank bedienen oder seinen Wein im Weinkeller selbst aussuchen. Abends wird gekocht und am großen Tisch in der Wohnküche gemeinsam gegessen – passionierte Hobbyköche dürfen dem Küchenchef sogar zur Hand gehen. Neben der Wohnküche gibt es eine Weinlounge, eine Tabaklounge und eine Dachterrasse mit Saunen und Whirlpool. Die 15 Gästezimmer haben so gar nichts von der üblichen Hoteleinrichtung, die Löschs sehen sich hier tatsächlich als Gastgeber, die Freunde empfangen. Ein hoher Anspruch, aber die Details stimmen: edles Mobiliar und Design, aber eben auch Heimeliges, wie Bücher, Filme und sogar eine Carrerabahn. Wenn das der hl. Pirminius wüsste. Obwohl: Eigentlich weiß er es, denn seine Reliquien liegen ja zumindest teilweise wieder hier in Hornbach – in seinem Kloster. Und gegen eine Einkehr ohne Reue dürfte auch der heilige Mann nichts gehabt haben.

Kloster Hornbach
Christiane Lösch
Im Klosterbezirk
66500 Hornbach
Tel.: (06338) 91010-0
E-Mail: info@kloster-hornbach.de
www.kloster-hornbach.de

Öffnungszeiten
Küche im Restaurant Refugium
Mittwoch bis Sonntag 18:30–22:30 Uhr
Montag u. Dienstag geschlossen
An Sonn- und Feiertagen zusätzlich geöffnet
von 12 Uhr bis 14 Uhr
täglich von 11 Uhr bis 22 Uhr

Küche in der Klosterschenke
täglich 12–14 Uhr und 18–22 Uhr

Ausflugs-Tipps

Das **Kloster Hornbach** ist ein um 741 vom hl. Pirminius gegründetes, ehemaliges Benediktinerkloster. Heutzutage existieren davon nur noch bauliche Reste der Konventsgebäude, die durch ein Klostermuseum ergänzt werden, sowie eine neuzeitliche Kapelle mit dem historischen Grab des Klostergründers.
Bis zum Jahr 2000 wurde der Großteil der erhaltenen Klosterreste in eine Hotelanlage integriert und im Keller des Gebäudes ein Klostermuseum „Historama Kloster Hornbach"eingerichtet, das die Geschichte des Klosters vermittelt. Die Pirminiuskapelle ist geöffnet und für die Besucher frei zugängig.
Das Kloster Hotel ist Ausgangspunkt für Wanderer, Kulturliebhaber sowie Pilger. Außerdem endet die nördliche und südliche Route des Jakobspilgerweges im Kloster Hornbach.

Im Klosterbezirk
66500 Hornbach
Tel.: (06338) 809153
E-Mai: semmet@tadt-hornbach.de
www.kloster-hornbach.de

Das Historama Kloster Hornbach

Mit der Sanierung und Umnutzung der ehemaligen Hornbacher Benediktinerabtei ist es gelungen, ein kulturhistorisch bedeutsames Baudenkmal zu erhalten und einer neuen Nutzung zuzuführen. Zwischen Haupthaus und ehemaligem linken Seitenschiff der Klosterbasilika wurde ein Zwischenbau entwickelt, der ein Klostermuseum beherbergt – das „Historama Kloster Hornbach" – eine historische Stätte, die zu einer Zeitreise durch über 1000 Jahre Geschichte einlädt.

Das in seiner Proportion nachempfundene Seitenschiff und die noch vorhandenen Pfeilerarkaden der ehemaligen romanischen Basilika lassen den Raumeindruck und die Größe der Klosterkirche erahnen. Eingelassen in eine Arkade zeigt ein großformatiges, beleuchtetes Transparent Urkunde und Konventssiegel sowie den Grundriss der ehemaligen Klosteranlage. Ein an Originalschauplätzen gedrehter Film stellt die Bedeutung des abendländischen Christentums in Verbindung mit der ehemaligen Benediktinerabtei sowie das heutige Hornbach mit seinen historischen Denkmälern und romantischen Winkeln vor. Eine Computeranimation, zweiter Teil des Einführungsfilmes, lässt den Gast die bauliche Entwicklung des Klosters über die Jahrhunderte noch einmal – fast fotorealistisch – erleben und lässt ihn virtuell durch die imposante Klosterbasilika wandeln.

Öffnungszeiten:
Mittwoch bis Freitag 10–17 Uhr
Samstag bis Sonntag So. 11–15 Uhr
Montag und Dienstag geschlossen!

Zweibrücken

Die Grafen von Saarbrücken erbauten um 1150 in einer Flussschleife des Schwarzbaches, kurz oberhalb des Zusammenflusses mit dem Hornbach, eine Burg, in die man nur über zwei Brücken gelangen konnte. Diese Burg und die Siedlung, die sich in ihrem Schutze rasch entwickelte, wird dann erstmals in der Zeit Friedrich Barbarossas, um 1170, urkundlich erwähnt.

Die Stadt nahm einen verhältnismäßig raschen Aufschwung. 1488 wird bereits in den Mauern der Stadt der erste Buchdrucker erwähnt. Ihm verdankt Zweibrücken, dass es zu den 64 Städten in Deutschland zählt, die als Druckorte von so genannten Wiegendrucken bekannt sind. Im 17. Jahrhundert wurde sie durch Kriege immer wieder zerstört. Sie erlebte allerdings eine Blütezeit unter der Herrschaft von Herzog Christian IV. (1735–1775). Er verlieh Zweibrücken städtebaulich das Gesicht der Herzogsstadt, wie sie sich heute noch präsentiert. Die Anlage der neuen oder unteren Vorstadt geht auf seine Initiative zurück. In dieser Zeit erlebte Zweibrücken seine größte kulturelle und wirtschaftliche Blüte.

Bei einem Luftangriff am 14. März 1945 wurde die Stadt zu mehr als 80% zerstört. Und so erinnern nur noch wenige historische Bauten an das Vergangene: Die Alexanderskirche mit der ehemaligen Grabstätte der Wittelsbacher, die Karlskirche, das Residenzschloss, die neue Vorstadt, in der sich heute mit dem Rathaus der Verwaltungsmittelpunkt der Stadt Zweibrücken befindet.

Die Historische Schlossmühle

bei Horbruch im Hunsrück

Es gibt Landhotels, die sind gemütlich, es gibt traditionelle und moderne, stilvolle und romantische und es gibt sogar welche, die ganz bewusst ein bisschen kitschig gehalten sind, weil sie mit dem Klischee vom heilen Landleben spielen wollen. Die „Historische Schlossmühle“ bei Horbruch im Hunsrück ist alles und nichts davon. Das Haus, mit schiefergedecktem Walmdach, rotsandsteinernen Fensterlaibungen und dunkelgrünen Läden liegt einsam, mitten im Wald, an einem verwunschenen Teich. Nun haben wir Deutschen ohnehin ein sehr emotionales, fast mystisches Verhältnis zum Wald, aber hier kommt einfach alles aufs Stimmigste zusammen. Der Geist des Ortes ist draußen wie drinnen spürbar, in jedem Raum. Man kann sich kaum sattsehen, wenn man durch die verschiedensten Gästesuiten und Zimmer wandert, alles ist schlicht und ergreifend geschmackvoll, so, wie wohl jeder selbst gern zu Hause wohnen würde. Nur bekommen wir gewöhnlichen Menschen es meist nicht so hin. Anne Liller war wohl so ein Mensch, der damit keine Probleme hatte. Sie hat, zusammen mit ihrem Mann Rüdiger, 1973 die „Historische Schlossmühle“ übernommen, dort gelebt und in vielen Jahren zu dem gemacht, was sie heute ist. Im Sommer 2014 ist Anne Liller gestorben. Aber ihr Geist weht noch immer an diesem Ort, der wohl die älteste Tradition aller Häuser in diesem Buch zu bieten hat.

Die „Historische Schlossmühle“ steht in einer Umgebung, deren gastronomische Tradition bis zur Römerzeit zurückreicht. Über den Höhenzug

nördlich des Tals führte eine Handels- und Heerstraße von Mainz nach Trier, die der antike Dichter Ausonius um 370 n. Chr. befuhr und in seinem berühmten Mosella-Gedicht erwähnte. Er beschrieb auch die Tabernae, wo die Reisenden sich damals erfrischen konnten. Na gut, die heutige Mühle ist natürlich jüngeren Datums und ursprünglich stand sie sogar weit unterhalb am Bachlauf, nämlich am Fuß der Kyrburg zu Kirn an der Nahe. Der Baumeister Peter Lietzenburger konnte sie Anfang des 19. Jahrhunderts erwerben, ließ das Gebäude in Kirn abtragen, Stein für Stein mit Fuhrwerken talaufwärts befördern und baute es an der jetzigen Stelle wieder auf.

Heute hat jedes der Gästezimmer einen anderen Namen und sieht

vollkommen individuell aus. Trotzdem wirkt es so, als sei das alles schon immer so gewesen – einfach, weil es gar nicht anders sein kann. Die Lillers haben hier nicht nur ein traumhaftes Ambiente geschaffen, sie tragen das Traumhafte auch bis in die Küche ihres Restaurants, in dem Rüdiger Liller auch mit über 70 Jahren noch täglich am Herd steht. Anne Lillers Spezialität war ihr Verhältnis zu Kräutern und Heilpflanzen und ihr Mann ist nur zu gerne bereit, diesen Schatz auch in seine Kochkunst zu integrieren. Da gibt es dann Petersilienwurzel-Suppe mit Schlagsahne und gerösteten Pinienkernen, mit Spitzwegerichsirup glasierte Barbarie-Entenbrust oder süß-sauer marinierte Kürbiswürfelchen mit Kürbiskernen und Rapunzelsalat. Märchenhaft!

Ein Buch des Schriftstellers Waldemar Bonsels, der auch *Die Biene Maja* schrieb, heißt *Wanderer zwischen Staub und Sternen* – dieser Titel scheint wie geschaffen für Anne und Rüdiger Liller, deren Lebenswerk die heutige „Historische Schlossmühle" ist – vielleicht das Schönste, was man aus einem Haus machen kann: ihm seinen Geist einzuhauchen.

Info

Liller's Historische Schlossmühle
An der Landstraße 190
55483 Horbruch/Hunsrück
Tel.: (06543) 4041
info@historische-schlossmuehle.de
www.historische-schlossmuehle.de

Öffnungszeiten:
Donnerstag bis Dienstag 12:15–23 Uhr
Mittwoch ist Ruhetag

Ausflugs-Tipps

Das **Erholungsgebiet Erbeskopf** liegt in der Kernzone des Naturparks Saar-Hunsrück. Von oben reicht die Sicht bei klarem Wetter weit über die Hunsrücklandschaft bis zu den Vulkanbergen der Eifel, dem Schaumberg beim saarländischen Tholey und dem Donnersberg in der Pfalz. Das Kopfplateau des Erbeskopf, des höchsten Gipfels von Rheinland-Pfalz (818 m), wurde 2011 neu gestaltet. Nach der Beseitigung der ehemaligen militärischen Nutzungsspuren wurde es wieder in der ursprünglichen Form hergestellt und ein Rundweg angelegt. Im Frühjahr 2012 wurde auf dem Erbeskopfrundweg ein Skulpturenweg mit Arbeiten von sechs Künstlerinnen und Künstlern eröffnet. Die begehbare und durchschreitbare Klangskulptur „Windklang 816 M“ des Bildhauers Christoph Mancke ist Aussichtspunkt und Teil des Wanderweges Saar-Hunsrück-Steig.
Vom Hunsrückhaus führt der sogenannte Gipfelsteig auf den Erbeskopf. Informationstafeln erklären das Werden dieser Landschaft, ihre naturräumlichen Besonderheiten sowie die Waldnutzung durch den Menschen.

Start und Ziel: Hunsrückhaus am Erbeskopf
Kurze Route: über Gipfel und Gottlob, 4 km, ca. 1,5 Stunden (reine Wegezeit)
Lange Route: über Gipfel, Stern, Siegfried Quelle, 8,5 km, ca. 2,5 Stunden (reine Wegezeit)
www.erbeskopf.de/tourismus-kultur/erholungsgebiet-erbeskopf.html

Barfußpfad Thalfang

Über eine Strecke von 1,2 km führt der markierte Weg vom Kurzentrum durch das Morschteler Bachtal bis zum Wassertretbecken unterhalb des Ferienparks Himmelberg. Denselben Weg geht es zurück zum Ausgangspunkt, wo es nach 2,4 km unbeschuhter Wanderung ein Wasserbecken zum Füßewaschen gibt.

Der größte Teil der Strecke führt über gemähte Wiesenwege, darauf folgen Fühlstrecken mit Rindenmulch, Kieseln, einem Kettensteg und einer Sandfläche. Im Anschluss geht es ca. 200 m weit auf einem asphaltierten Gehweg leicht bergauf, bevor der Barfußweg rechts abbiegt und wieder über Grasboden in das Bachtal führt. Weiterhin sorgen Balancierbalken, Watstrecken durch Schlamm und im Bachlauf, Stelzenlauf und diverse Materialstrecken für abwechslungsreiche Sinneseindrücke. Das letzte Teilstück verläuft in einem Bach bis zum Kneippbecken. Hier endet der „offizielle Teil“, doch erreicht man über Treppen an beiden Talseiten gra-

sige Wege an Feld- und Waldrändern, auf denen die Barfußwanderung verlängert werden kann.
Die Benutzung der Anlage ist kostenlos.

Anfahrt mit PKW:
Autobahn A1 von Trier Richtung Saarbrücken, Ausfahrt Mehring/Thalfang (131). Von der B 235 abbiegen nach Thalfang, Hauptstraße, Saarstraße bis Ende, Parkmöglichkeit am Erholungs- und Gesundheitszentrum. Dort beginnt der Barfußpfad auf der gegenüberliegenden Straßenseite.

Anfahrt mit dem Bus:
Ab Trier Hauptbahnhof (Robert Reisen) bis Thalfang Busbahnhof, von dort ca. 3 min zu Fuß Richtung Himmelberg zum Barfußpfad.

Hochseilgarten

Der 2010 eröffnete Hochseilgarten befindet sich am Erbeskopf direkt gegenüber dem Hunsrückhaus.
Er verfügt über sechs Parcours unterschiedlicher Schwierigkeitsgrade. Für Gruppen ist ein zusätzlicher Teamparcours vorhanden. Die Kletterelemente befinden sich in Höhen zwischen 3 und 14 Metern. Eine Besonderheit ist eine 180 Meter lange Rutsche über Wiesen und einen Teich. Die einfachen Parcours des Hochseilgartens können ab einem Alter von 7 Jahren und einer Körpergröße von 1,30 Meter genutzt werden.
Parcours blau: ab 1,40 Meter Größe, 10 Jahre. Parcours schwarz und Flying-Fox-Parcours: ab 1,50 Meter, 12 Jahre.

Öffnungszeiten:
November bis März: Winterpause
Saisonbeginn: Osterferien
Samstag, Sonntag und Feiertage: jeweils 12–18 Uhr
Schulferien täglich jeweils 12–18 Uhr (montags Ruhetag).

www.kletterpark-hochseilgarten.de/hochseilgarten-erbeskopf.htm

Ausflugs-Tipps

Der ehemals ummauerte mittelalterliche Stadtkern von **Bernkastel Kues** hat eine ungewöhnlich dichte historische Substanz. Bereits im 16. Jahrhundert gab es eine weitgehende Überbauung der Grundstücksflächen mit in der Regel drei- und viergeschossigen Wohnhäusern mit reichen Fachwerkfassaden. Davon haben sich zahlreiche Gebäude des 16. und 17. Jahrhunderts, aber auch Bauten des 18. und des 19. Jahrhunderts erhalten.
Im Jahre 1291 erhielt Bernkastel auf Betreiben des Erzbischofs Boemund I. von Trier die Stadtrechte. Wahrscheinlich wurde kurz danach das erste **Rathaus** errichtet. Die heutige Rathausfassade wurde 1608 im Stil der Spätrenaissance erbaut. Den Rathauserker zieren das Wappen des damaligen Erzbischofs Lothar von Metternich (1599–1623), das kurtrierische Kreuz und das Stadtwappen. Der Erker ruht auf einer Basaltsäule und trägt auf der barock geschweiften Bedachung eine Steinfigur des Welterlösers mit der Weltkugel. Am linken Eckpfeiler der Fassade im Erdgeschoss ist noch heute der Pranger zu sehen.

Das Heinz'sche Haus gehört zu den ältesten Häusern der Stadt. Es ist ein stark verzierter Fachwerkbau am Marktplatz, schmal und niedrig im Erdgeschoss sowie mit drei übereinander auskragenden Fachwerkgeschossen.
Ein Beispiel für die Winzerhäuser im Moselland ist das sogenannte **Spitzhäuschen**, ein schmalgiebeliges Häuschen mit massivem Erdgeschoss aus dem Jahr 1416. Charakteristisch sind der

aus Schieferstein und Eichenbalken gebaute Weinkeller sowie die beidseitig auskragenden Obergeschosse und der hohe Dachspeicher für Winterfutter und Haustiere. Das nach drei Seiten überhängende Fachwerk wurde erst 1914 freigelegt, da es früher wegen der Brandgefahr verputzt gewesen war.
Die Bauweise des Spitzhäuschens zeigt den Übergang von der Renaissance zum Barock.
Das **Cusanus-Geburtshaus** liegt im Stadtteil Kues und beherbergt die ständige Ausstellung über das Leben und Werk von Nikolaus von Kues (1401–1464). Kues war ein universal gebildeter Philosoph, Theologe und Mathematiker. Er gehörte zu den ersten deutschen Humanisten in der Epoche des Übergangs vom Spätmittelalter zur frühen Neuzeit. In Padua studierte er Mathematik, Physik, Astronomie, Medizin, antike Philosophie, Jura und später in Köln Theologie. Als Priester und Wissenschaftler stieg er in die höchsten Ränge des öffentlichen Lebens seiner Zeit auf: Konzilmitglied in Basel, päpstlicher Legat in Deutschland, Kardinal, Bischof von Brixen und Generalvikar in Rom. Als Kurienkardinal und Ratgeber von Papst Pius II. war er mit der Reform des Klerus und der allgemeinen Kirchenreform befasst. Er galt als ernst zu nehmender Kandidat für die Papstwahl, starb aber 1464 in Todi / Umbrien.
In diesem Haus hat er sein philosophisches Hauptwerk „Über den Frieden im Glauben" vollendet, ein Werk, das zwischen Mittelalter und Neuzeit steht. Es löste die mittelalterliche Theologie und ihr geozentrisches Weltbild durch eine neue Deutung des Weltaufbaus ab.

Cusanus-Geburtshaus
Nikolausufer 49
54470 Bernkastel-Kues
Tel.: (065 31) 2831
E-Mail: info@bernkastel-kues
www.bernkastel-kues.de

Öffnungszeiten
16. April bis 31. Oktober
Dienstag bis Samstag: 10–12 Uhr und 14:30–17 Uhr
Sonntag und an Feiertagen: 10–12 Uhr und nach Vereinbarung
1. November bis 15. April,
Dienstag bis Samstag: 14:30–17 Uhr
Sonntag und an Feiertagen: 10–12 Uhr

Die Villa Keller

Ein kleines Schloss, das früher mal gerochen hat

Saarburg ist ein kleines, wirklich idyllisch gelegenes Städtchen und wie der Name schon vermuten lässt, liegt es nicht nur an der Saar, es gibt auch tatsächlich eine Burg. Wenn man von dort oben hinunterschaut, dann fällt der Blick auf eine wunderschöne Altstadt mit viel Fachwerk, einen Wasserfall mitten im Ort und schnell auch auf ein Haus, nein, auf eine Villa, fast ein kleines Landschlösschen, das, wie der Rest des Ortes, aus der Zeit gefallen scheint. Mit diesem Blick lebten auch 21 Jahre lang die Müntnichs, die das Restaurant oben auf der Burg betrieben. Oft haben sie sich vorgestellt, wie es wohl wäre, aus dieser Villa ein Hotel zu machen. 1997 haben die Müntnichs das Haus dann endlich gekauft, mithilfe der Denkmalpflege restauriert und zum Hotel umgebaut.

Jetzt strahlt die Villa Keller wieder wie 1801, als der Landrat und einflussreiche Politiker Max Keller sie als Privatwohnsitz direkt am Ufer der Saar bauen ließ. Das Herrenhaus wurde später zur Lohgerberei erweitert und Max Keller lieferte, äußerst geschäftstüchtig, von hier aus Schuhe für die Soldaten des Reiches nach Berlin. Der nahegelegene Bahnhof machte es möglich und man erzählt sich, dass Max Keller so angesehen in Saarburg war, dass selbst der Zug extra anhielt, wenn er über die Gleise gehen wollte. Bis 1955 blieb das Anwesen aber auch eine ziemlich „anrüchige“

Arbeitsstätte, denn eine Gerberei hat nun wahrhaftig nichts Herrschaftliches an sich – vor allem nicht für die Nase. Aber die Substanz der Villa war auch am Schluss noch sehr edel. Heute sind nicht nur die alten Villeroy & Boch Bodenfliesen erhalten, das Restaurant und die 11 Zimmer des Hotels sind sehr stilsicher renoviert und mit italienischen Möbeln eingerichtet. Auf der Terrasse, mit Blick auf die vorbeifließende Saar, residiert man zwischen klassizistischen Säulen unter Weinlaub und fühlt sich wie auf einer Zeitreise ins frühe 19. Jahrhundert. Die Villa Keller ist fast ein bisschen zu schick und schön für ein Landhotel, aber wen stört das schon? Und es passt: „Irgendwie hat man den Eindruck, der Geist der Familie Keller lebt hier weiter", gesteht Jutta Müntnich, die Chefin des Hotels.

In der Küche weht heute aber auch ein anderer Geist als vor über hundert Jahren, als, laut Wolfgang Müntnich, noch acht-, neungängige Menüs serviert wurden. Die Villa Keller steht

im 21. Jahrhundert für eine leichte, regionale Küche, Spezialitäten sind vor allem Geflügel und Fisch aus der Region und Wild aus dem nahegelegenen Hochwald. Das angrenzende Wirtshaus mit Biergarten bietet ebenfalls regionale Küche, naturtrübes, frisch gezapftes Bier und Platz für 80 Personen. Wer also stilsicher und nobel heiraten möchte oder eine andere, größere Familienfeier auszurichten hat, der ist in der Villa Keller bestimmt gut aufgehoben.

Alles in allem kann man sagen, dass die Familie Müntnich die richtigen Schlüsse aus ihrem langjährigen, sehnsuchtsvollen Blick von der Burg auf das Saarufer gezogen hat – das Hotel Villa Keller ist vielleicht das Beste, was man daraus machen konnte, und dazu eines der edelsten und (mit Zimmerpreisen von 50 bis 75 EUR pro Person) trotzdem durchaus erschwinglichen Landhotels im Südwesten.

Info

Hotel Villa Keller
Wolfgang Müntnich
Brückenstraße 1
54439 Saarburg
Tel.: (06581) 9291-0
E-Mail: info@villa-keller.de
www.villa-keller.de

Öffnungszeiten (Restaurant):
Mittwoch bis Sonntag, jeweils 12–15 Uhr und ab 18 Uhr.
Montag und Dienstag sind Ruhetage
Wirtshaus mit Biergarten
Mittwoch bis Samstag ab 16 Uhr, am Sonntag bereits ab 11 Uhr geöffnet.
Montag und Dienstag sind Ruhetage

Ausflugs-Tipps

Der Ort **Saarburg** wurde im Jahr 964 von Graf Siegfried von Luxemburg gegründet, der auf dem Berg Churbelun eine Burg errichten ließ. Graf Siegfried hatte in Luxemburg seine Residenz, doch Saarburg war für ihn ein wichtiger strategischer Stützpunkt im Südosten seiner Besitzungen.

Die von Wäldern und Weinbergen umgebene Kleinstadt wird vom Leukbach durchflossen. Bis zum 13. Jahrhundert floss die Leuk noch durch den heutigen Stadtteil Niederleuken, das heißt um die Stadt herum. Dann wurde der Bach umgebettet, damit man genügend Löschwasser in der Stadt zur Verfügung hatte. Gleichzeitig entstanden die Mühlen am Fuße des Wasserfalls, um mit Hilfe der Wasserkraft die Wasserräder der Stadtmühlen zu betreiben. Damals gelang den Stadtherren nicht nur den Leukbach mitten durch die mittelalterliche Stadtanlage in die Saar umzuleiten, sondern sie erkannten außerdem die Möglichkeiten, die der natürliche, 17 m hohe Niveauunterschied zwischen der Ober- und Unterstadt bot. Die Leuk wurde mit Hilfe eines künstlichen Bettes über einen Felsen 17 Meter tief in einen Graben zur Saar geleitet und so die Kraft des Wassers genutzt. Eine Idee, die bis in heutzutage Bestand hat, denn noch heute wird mit Hilfe des Wasserfalls und einer Turbine Strom für die Beleuchtung des Buttermarktes erzeugt: Der Bach stürzt inmitten der Stadt zwischen Fachwerkhäusern und Barockbauten zu Tal und treibt die Mühlräder der ehemaligen Hackenberger Mühle an. Ein Rundgang durch die historische Altstadt geht unter anderem zu der Kirche St. Laurentius, dem Wasserfall, dem Haus Warsberg, der Burganlage und der Altstadt mit ihren historischen Fischer- und Schifferhäusern. Einen weiten Blick ins Saartal hat man vom Aussichtsplateau im oberen Teil des Mantelturms, der als Teil der Burg 1860 von der Stadt erworben wurde; 107 Stufen führen zu ihm hinauf.

Amüseum
Am Markt 29
54439 Saarburg
Tel.: (06581) 994642
www.saarburg.eu

Öffnungszeiten:
Montag – Freitag, Sonntag & Feiertag:
11–16 Uhr
Samstag geschlossen
Burganlage: frei zugänglich

Saarschleife bei Mettlach

Sie liegt in der Nähe der Grenze zu Luxemburg und Frankreich und ist ein Durchbruchstal der Saar, die über Jahrmillionen ihren Weg durch den Taunusquarzit gegraben hat. Die Saarschleife beginnt nördlich des Stadtteils Besseringen von Merzig und endet in Mettlach. Die Luftlinie zwischen beiden Orten beträgt nur etwa zwei Kilometer. Die Saar macht jedoch einen Umweg von ungefähr zehn Kilometern. Auf dem bewaldeten Bergrücken innerhalb der Saarschleife befinden sich die Kirche St. Gangolf mit Teilen der ehemaligen Klosteranlage (zum ersten Mal 1203 urkundlich erwähnt, wurde sie wahrscheinlich um 1000 gegründet) und die Burgruine Montclair (Ende des 12. Jahrhunderts errichtet). Den schönsten Blick auf die Saarschleife bietet der Aussichtspunkt „Cloef" im Ortsteil Orscholz. Die Cloef ist ein Aussichtspunkt in der Flusskehre der Saar, 180 m hoch über dem Fluss gelegen, wo eine vorspringende Felsformation aus Taunusquarzit sich bis zur Saar hinabzieht, die früher ein Hindernis für die Schifffahrt darstellte. Zum Namen Cloef gibt es verschiedene Erklärungen; so geht eine Version von dem mundartlich ausgesprochenen „Chef" aus und meint, dass das Wort aus dem Niederdeutschen kommt und so viel wie „Klippe" bedeutet. Das würde auf die Felsformation verweisen, auf der die Cloefschutzhütte steht. Eine andere Version leitet den Begriff aus dem Keltischen ab und deshalb würde er ein „steiniges Kerbtal" bezeichnen.

Das einzige hier an der Saarschleife gelegene Dorf ist Dreisbach. Nur hier am alten Gasthaus „Fährhaus" gibt es eine Anlegestelle für eine Fähre über die Saar. Sie bringt Spaziergänger, Wanderer und Radler zum anderen Ufer des Flusses zum Beginn des Wanderweges hoch zur Burg Montclair. Sowohl auf der Innen- wie auf der Außenschleife verläuft ein durchgehender Wander- und Radweg.

Fahrtzeiten:
April – Okt.: täglich 10–17:50 Uhr
Montag Ruhetag
Wenn montags Feiertag ist, verschiebt sich der Ruhetag auf Dienstag.
Nov. und März: Fahrbetrieb an den Wochenenden
Dez.–Febr. geschlossen
www.tourismus.saarland.de

HOTEL
Hotel Bellevue
Restaurant
Hotel Vier Löwen
Moselperle

Hotel Bellevue

Traben-Trarbach an der Mosel

Jugendstil für Heinz Rühmann und den Freiherrn von Richthofen

An der ganzen Mosel gibt eigentlich es kaum größere Städte. Zwischen Trier und Koblenz ist Land, Flussland, also ist auch jedes Hotel entlang der Mosel ein Landhotel Hm, mal sehen: Um 1900 herum war Traben-Trarbach nach der französischen Stadt Bordeaux der zweitgrößte Weinhandelsplatz in Europa. Von hier aus wurden vor allem Riesling-Weine in die ganze Welt transportiert, überwiegend nach Großbritannien und Übersee. Aus dieser glanzvollen Zeit stammt auch das Jugendstilhotel Bellevue. Der Graf von Anhalt, der Baron von Thyssen, der Freiherr von Richthofen (der „Rote Baron“) waren hier Stammgäste, aber auch Heinz Rühmann. Das Haus hat immer Menschen von Welt gesehen und es war immer schon sehenswert! Es ist schon ein kleines Wunder, dass das „Bellevue“ nicht nur beide Weltkriege, sondern auch die Modernisierungswelle der Nachkriegszeit überstanden hat. Heute ist es, laut „Focus“, eines der schönsten noch komplett erhaltenen Jugendstilhotels in Deutschland.

Jugendstil, das war immer das Moderne, das Urbane, der ästhetische Fortschritt – irgendwie will man diese Epoche so gar nicht mit Landleben verbinden, aber warum eigentlich? Die berühmten Ornamente stammen alle aus dem Pflanzenreich und der Sinn für Schönheit und Reinheit passt auch eher aufs Land als in die stickige, schmutzige und laute Großstadt. Traben-Trarbach ist der Beweis: Es ist keine Großstadt und

Info

Romantik Jugendstilhotel Bellevue
An der Mosel 11
56841 Traben-Trarbach
Tel.: (06541) 7030
E-Mail: info@bellevue-hotel.de
www.bellevue-hotel.de

Öffnungszeiten:
Das Gourmet Restaurant „Clauss-Feist“ ist täglich ab 18:30 Uhr geöffnet
Dienstag und Mittwoch sind Ruhetage

trotzdem voll von Jugendstil – und das Hotel Bellevue mittendrin! Es ist ein putziger Mix aus schiefergedeckten Zwiebeltürmchen, Fachwerk, Rustika-Mauerwerk und weißem Putz, ein kleines Märchenschloss direkt am Moselufer.

Richard Feist erbaute 1903 nach den Plänen des bekannten Berliner Jugendstilarchitekten Professor Bruno Möhring das Hotel mit Namen „Clauss-Feist“ und das avancierte in den folgenden Jahrzehnten zur ersten Adresse an der Mosel. Heute heißt das Gourmet-Restaurant im „Bellevue“ noch immer „Clauss-Feist“, hat gerade seinen ersten Michelin-Stern bekommen und seit Längerem eine Kochmütze im Gault Millau, was übrigens mit dem neuen Küchenchef, Renato Manzi, noch nach oben ausbaufähig sein dürfte.

Im Hotel hält der Chef, Matthias Ganter, schon seit 1992 die Messlatte hoch. Er weiß, wie er die Spannung

„Eines der schönsten noch komplett erhaltenen Jugendstilhotels in Deutschland“

seiner Gäste hält: „Ich mach' es seit vielen Jahren so, dass ich immer eine Innenarchitektin beschäftige oder einen schwulen Innenarchitekten, die vier oder fünf Zimmer bekommen und ein Budget, und sie dürfen dann machen, was sie wollen. Das ist wirklich Carte blanche und ich weiß bis zum Schluss nicht, was passiert." Sein Vertrauen hat sich bezahlt gemacht, denn wo das Hotel im Rezeptionsbereich, in der Bar und im Restaurant mit stimmiger Jugendstilausstattung und Wandgemälden im Stil eines Toulouse-Lautrec glänzt, findet sich in den Zimmern und Suiten durchaus auch der heutige Zeitgeist wieder – und es passt alles zusammen! Für Hotelchef Matthias Ganter hat sein Haus eben auch immer etwas von einer Theaterbühne, mit ständig wechselnden Kulissen für die Inszenierung neuer und alter Gäste.

Ausflugs-Tipps

Traben Trarbach

Traben ist schon um 830 urkundlich nachweisbar, während Trarbach zum ersten Mal 1142 schriftlich erwähnt wird. Trarbach erhielt 1254 Stadtrechte und war bis 1437 Regierungssitz der Grafen von Sponheim, danach Oberamt bis 1776 ihrer Erben Baden und Pfalz. 1904 vereinigten sich die beiden Gemeinden Traben und Trarbach zur Doppelstadt. Durch verheerende Brände 1761, 1857, 1879 wurde die mittelalterliche Bausubstanz bis auf wenige Ausnahmen zerstört und so prägen heutzutage Gebäude im Stil des Historismus und Jugendstil die Stadt.

Der Stadtturm aus dem 14. Jahrhundert ist ein Rest der mittelalterlichen Stadtbefestigung von Trarbach, die sich mit ihren zahlreichen Türmen, Halbtürmen und drei Stadttoren früher entlang des Moselufers und des Kautenbachs über den „Kästel"-Berg hinweg bis hinauf zur Grevenburg er-

streckte. Errichtet wurde die Mauer, die in engem Zusammenhang mit der Erhebung Trarbachs zur Stadt stand, wahrscheinlich gleichzeitig mit der um 1350 erbauten Grevenburg durch Graf Johann III. von Sponheim. Heute dient der Turm, der ursprünglich noch um ein Stockwerk höher gewesen ist, als Aussichtsturm mit Blick über die Dächer der Doppelstadt.
Um die Jahrhundertwende war Traben-Trarbach nach Bordeaux die zweit-

größte Weinhandelsstadt in Europa. Als protestantischer Ort in der hauptsächlich katholischen geprägten Gegend und durch die engen Beziehungen zu Preußen ergaben sich ideale Voraussetzungen für einen florierenden Weinhandel. Der Export in europäische Nachbarländer und nach Übersee führte zu Wohlstand und Reichtum und schaffte die Grundlage für eine rege Bautätigkeit im großbürgerlichen Stil der Belle Epoque. So stehen aus dieser Zeit zum Beispiel am Moselufer von Traben neben dem Jugendstilhotel „Bellevue" die Villa Huesgen (am Bahnhof erbaut 1904), die Villa Nollen (früher Villa Breucker), ein herrschaftliches Wohnhaus (an der Mosel 7), Hotel Bellevue (Aacherstraße / an der Mosel errichtet 1903) sowie das Geschäftshaus Brückenstraße 20 in Trarbach, das Hotel beim Kurhotel „Parkschlösschen" in der Wildbadstraße 201, das Stadthaus „Alter Bahnhof" in Traben oder das Grabmal Oskar Haussmanns auf dem Friedhof Traben.

Öffnungszeiten

Jugendstilführung „Auf den Spuren der Belle Epoque": jeden ersten Sonntag im Monat um 11 Uhr; Treffpunkt: Tourist-Information Traben-Trarbach.

www.traben-trarbach.de

ALTER BAHNHOF

Bildnachweis

Umschlagabbildungen
Vorderseite oben: Kühe auf dem Sesterhof, Gengenbach © Sesterhof, *unten:* Innenhof des Steinbachhofes, Vaihingen an der Enz © Steinbachhof; Rückseite (v.l.n.r.): Romantik-Hotel Spielweg, Münstertal © Romantik-Hotel Spielweg; Schwein auf dem Hofgut Petry, Körperich © Hofgut Petry; Arbeiten im Sesterhof, Gengenbach © SWR

Fotografen
© 2008 Maj Britt Hansen, 92 o. li.; © 2009 anja koehler, 29 li.; © Braukmann, J., 142; © E.pfeiffer@gmx.net, 137 o.; © Edgar, David, 87; © Eymann, Simon, 58 o. re.; © Ferdinand Graf Luckner, Hamburg, 132–133, 134 o. li., u., 135 o.; © focus fotostudio / sabine meier, 112 o.; © Friesenhahn, P., 159 o. re., u.; © info@Reinhard-Reinders.de, 155 u. re.; © Kirchner, Reinhard, 124 u.; © Klöss, Wolfgang, 54; © Knöpfler, Hans (Heimatverein Ratzenried), 20–21; © Schäffler, Manfred, 10–11; © Schnitzer, Markus, 38 li.; © Schwarz, B., 62–63; © Schwarzkopf, Andreas, 103; © Siegl, Lothar, 137 u. li.; © Sir Gawain, 159 o. li.; © Spiegler, Franz Joseph, 39 re.; © Stüning, Petra, 152–153, 154 u., 155 o. re., u. li., 156 o. re., u. li.; © wagenhan, 56; © Werner, Berthold, 80 u., 81 u.; © Winter, Susanne, 38 re.; © www.jo-hermmann.de, 12–15; © www.photone.fotograf.de, 158 u.

Bildarchive
© Agnete, 131; © Alte Post, 5, 90, 91 re.; © Archiv Boiselle, 108; © Bannmühle, 64–65, 66 o. li., u.; © Becker Werbung, 158 o.; © Besucherbergwerk Finstergrund, 94; © Besuchsbergwerk Teufelsgrund, 101; © Cusanus-Gesellschaft Bernkastel-Kues, 144 o. li.; © FPH, 96, © Gästeamt Wangen / Joachim Dempe, 18 re., 19; © Gästeamt Wangen, 18 li.; © Gasthaus Loewenthor – Hotel Hahn, 110, 113 o. mi., u. re.; © Gemeinde Hohenstein, 109; © Gemeinde Kißlegg, 30–31; © Gengebach, Foto: Ralf Greiner, 47 li.; © Gengenbach, Foto: D. Wissing, 46, 47 re.; © Geopark Informationszentrum Walldürn, 122–123; © Günter Beck, Pforzheim, 53 u.; © Hofgut Petry, 85 o. li.; © Hotel Speidel's BrauManufaktur, 104, 106 o. li., u. li.; © Hunolsteiner Hof, 70; © Jordan's Untermühle, 126, 128 o. li., u. re., 129; © Kloster Hornbach, 88–89, 134 o. re.; © Kloster St. Trudpert, 102; © kunstimdorf, 80 o., 81 o.; © Landeshauptstadt Mainz, 130; © Liller's Historische Schlossmühle, 138–140, 141 o. li., re.; © Lorettohof, 32–33, 34 u. re., 35 o. © Moritz Attenberger / Tourist-Information Meisenheim am Glan, 69; © Plox, 137 u. re.; © Regionalmarkt Hohenlohe, 61; © Romantik-Hotel Spielweg, 97, 98 o. e., mi., u. li., 99 u., 100; © Rösslerhof, 22–23, 25–27; © Saarschleife Touristik GmbH & Co. KG, 151; © Schwarzwälder Freilichtmuseum Vogtsbauernhof, 45 u.; © Schwarzwälder Freilichtmuseum Vogtsbauernhof, Foto: Hans-Jörg Haas, 45 o.; © Sesterhof, 2, 40, 42, 44; © Sonnenhof / Rudolf Bühler, 57 re., 58 u. li., 60 o. re., u. li., u. mi.; © Stadt Ravensburg, 28; © Stadtverwaltung Maulbronn, 53 o.; © Stadtverwaltung Tauberbischofsheim, 125; © Steinbachhof, 48, 49 re., 50 u. re., 51 o., 52 li.; © Tourismus Kraichgau-Stromberg, 114; © Tourist-Information Kandern, 95; © Tourist-Information Traben-Trarbach, 157; © TRESS Gastronomie GmbH & Co. KG, 36–37; © VG Bad Sobernheim mbH, 68 o. re.; © Villa Keller, 146–147, 148 o., 149 o.; © Wein- und Ferienregion Bernkastel-Kues, 144 o. re., u., 145; © Weingut Mönchhof, 76, 78 u. li., 79; © Wohlfahrtsmühle, 118–119, 120 o. li., re., 121 u.; © Xocolatl, 86; © Zum Löwen, 16 li., u. re., 17 u. li.

Die übrigen Abbildungen stammen aus dem SWR-Archiv oder den Archiven des Verlags.